高等职业院校财经类专业"十二五"规划教材

# 企业会计综合实训

邓晓燕　潘　纯　主　编
黄志芳　副主编

上海财经大学出版社

**图书在版编目(CIP)数据**

企业会计综合实训/邓晓燕,潘纯主编. —上海:上海财经大学出版社,2015.3
(高等职业院校财经类专业"十二五"规划教材)
ISBN 978-7-5642-2094-5/F·2094

Ⅰ.①企… Ⅱ.①邓…②潘… Ⅲ.①企业管理—会计—高等职业教育—教材 Ⅳ.①F275.2

中国版本图书馆 CIP 数据核字(2015)第 013247 号

□ 责任编辑 施春杰
□ 封面设计 钱宇辰

QIYE KUAIJI ZONGHE SHIXUN
**企业会计综合实训**

邓晓燕 潘 纯 主 编
黄志芳 副主编

上海财经大学出版社出版发行
(上海市武东路 321 号乙 邮编 200434)
网 址:http://www.sufep.com
电子邮箱:webmaster @ sufep.com
全国新华书店经销
上海华教印务有限公司印刷装订
2015 年 3 月第 1 版 2015 年 3 月第 1 次印刷

787mm×1092mm 1/16 11.5 印张 167 千字
印数:0 001—4 000 定价:30.00 元

# 高等职业院校财经类专业“十二五”规划教材

## 编写委员会

# 前　言

社会主义市场经济的发展、全球经济一体化进程的加快和教育改革的深化，对高等职业教育的人才培养工作提出了新的、更高的要求，也给高等职业教育带来了新的机遇和挑战。进一步加强教材建设、改革教学内容和教学方法、突出办学特色、提高教学质量，是高职院校会计教育适应经济建设和社会发展需求的。

高等职业教育的原则就是"理论够用，注重实际操作"，我们以此为出发点，结合学校教育实际，组织了具有丰富教学经验和实际操作经验的骨干教师，编写了这本《企业会计综合实训》，以期培养学生的实践操作能力，掌握会计核算方法和操作技能，加强教学的科学性、针对性、实用性和技能性，进一步提高人才培养质量。

本书根据财政部最新颁布的《企业会计准则》和相关会计制度及税收制度的规定，以模拟企业典型业务为主线，进行小组分工操作，将出纳、材料核算、资金管理、成本核算、往来会计、销售核算、总账和报表等岗位的一系列业务融入其中，着力培养学生处理填制和审核原始凭证、编制记账凭证、登记账簿、成本计算和编制会计报表等常见业务的能力，提高学生的职业素养和会计工作技能。

本书由武汉商贸职业学院邓晓燕老师和长江工程职业技术学院潘纯老师担任主编，华中科技大学武昌分校黄志芳老师担任副主编。在本书编写过程中，我们吸收了众多学者、专家的优秀成果，在此表示感谢！

限于编者的水平和实践经验，且时间仓促，书中难免存在疏漏和不妥之处，敬请读者批评、指正。

**编　者**

2014 年 12 月

# 目　录

# 第一章　会计综合模拟实训概述

## 第一节　会计实训的目标

会计综合实训是高等职业教育会计专业的一门综合性实践课程，本课程以培养会计综合职业能力和品德素养为宗旨，综合运用会计专项技能和信息技术方法，在企业会计环境中，按照会计职业岗位分工，进行企业经济业务的会计处理。

本课程在会计专业理论课程和专项技能训练之后开设，为企业顶岗实习和从事实际会计工作奠定基础。本课程是高等职业教育会计专业人才培养过程中必要的教学环节。

### 一、实训目的

通过会计综合实训，使学生进一步提高会计综合职业能力，包括专业能力、社会能力和方法能力。

（一）专业能力

1. 学生能根据企业具体情况，熟记会计岗位设置和岗位职责，并正确执行企业内部会计制度。

2. 会阐述期初建账的基本内容，能够为中小企业建账。

3. 会正确进行采购、销售等经济业务的核算以及成本与费用的核算，并能够进行相应的账务处理。

4. 会进行期末对账和结账操作。

5. 会编制会计报表。

6. 能够对会计档案进行有效管理。

（二）社会能力

1. 遵守财经法规和企业内部规章制度。

2. 养成认真、严谨、细致的工作态度。

3. 培养部门、岗位之间相互沟通和协调的能力。

（三）方法能力

1. 能够认知企业、职业和岗位，正确判断企业一般经济事项的性质。

2. 掌握会计信息加工的一般方法，能对信息进行基本的加工处理。

3. 会快速查找错误并进行正确处理。

## 二、实训要求

(一)教师工作内容与要求

1. 组织分工,明确岗位职责。将全班学生分成若干组,每组四人,分别扮演会计主管、总账会计、成本会计、出纳四个角色。四名同学依次轮流扮演角色。

2. 提供各种实训备品,明确实训目标及实训要求。在实训项目开始前向学生说明实训目标及具体要求、实训的注意事项,提供所需实训备品。

3. 实训中给予学生必要的指导,为学生自主学习创造条件。为解决实训过程中的重点难点问题,在实训过程中设计有若干导读条目供学生参阅,以提高学生自行解决问题的能力。在实训操作之后布置相应的思考探究问题并及时检查学生的完成情况,以提高学生自主学习、创新学习的积极性。及时发现学生实训中存在的问题,对于个别问题给予个别辅导,对于普遍问题作重点讲解及提示。在指导的同时注意对学生职业道德的培养。

(二)学生工作内容与要求

1. 根据模拟企业会计工作要求,进行组内分工,四名学生分别扮演会计主管(甲同学)、总账会计(乙同学)、成本会计(丙同学)和出纳(丁同学)角色。

2. 按科目汇总表的账务处理程序,完成填制和审核原始凭证、填制和审核记账凭证、登记各种明细账和日记账、编制科目汇总表、登记总账、编制会计报表等工作。

3. 进行会计档案整理,提交凭证、账簿和报表等实训作品。

4. 由扮演会计主管的学生负责对本组完成任务进行全面总结,并撰写实训报告。

# 第二节 会计实训的内容、条件和方法

## 一、实训的具体内容

构建一个反映制造业会计业务处理过程的教学项目,包括认知企业及会计工作、建账、日常经济业务处理、成本核算、期末会计事项处理和会计报表编制和分析六项内容。

1. 认知企业及会计工作:了解企业基本情况、企业内部控制制度和企业工作组织形式。

2. 建账:建立账簿文件,设置会计科目,录入期初数据。

3. 日常经济业务处理:银行借款和接受投资,存货采购、固定资产和无形资产购进及付款,一般销售、销售折扣、销售退回以及应收款项的核算。

4. 成本核算:水电费、维修费、计提折旧、职工薪酬核算、成本费用的归集和分配。

5. 期末会计事项处理:期末账项调整,包括计提费用、计算结转本月应交各项税费、资产减值准备的处理、结转损益、计算利润和利润分配。期末对账与结账,包括账实核对、银行对账、往来账款清查、试算平衡和结账。

6. 会计报表编制和分析:包括资产负债表、利润表、现金流量表、所有者权益变动表。

## 二、实训条件

(一)实训场地

在模拟真实环境中,按照会计工作职责的划分以及会计工作涉及的外部单位,设置会计岗位，布置工作场景，营造工作氛围。

模拟企业内部工作环境：布置模拟企业的生产工艺流程图、会计核算程序图、成本结转程序图、会计岗位设置及职责图示等，并按照单位会计岗位的不同，设置会计主管、出纳、制单会计、审核会计等会计岗位，按规定设置内部牵制制度，按照“一人一岗”、“一人多岗”、“多人一岗”对小组成员进行合理分工。

模拟企业外部工作单位：学校可以设置模拟银行、国税局、地税局、劳动和人事部门等有关部门和单位的工作场景。

（二）实训设施

为保证会计综合实训场地与企业真实环境相似，需准备以下实训设施：

1. 办公桌椅：根据实际企业会计部门桌椅摆放要求相似摆放。

2. 多媒体教学设备：实训场地要具有一般的教学功能，布置投影设备和展板，以便进行展示与讲解。

3. 会计办公用品：主要包括计算器、印台、海绵缸、黑色和红色记账专用笔、直尺、胶水、大头针、曲别针、剪刀、装订机和点钞机等。

4. 印章：包括模拟企业的公章、财务专用章、发票专用章、企业预留开户行印鉴、实训学生的人名章等。

5. 会计工牌：每个实训小组的岗位工牌，包括会计主管、总账会计、成本会计、出纳等。

6. 会计档案保管柜。

（三）学习资料

学习资料应包括模拟企业基本经济业务、各种原始凭证以及动画、视频等教学资源。

1. 会计综合模拟实训教材：该教材应包括外来原始凭证、需要填制的空白原始凭证和操作指导等。

2. 空白账证表：主要包括记账凭证、现金和银行存款日记账、各种明细账、总分类账、会计报表和各种纳税申报表等。

3. 会计综合实训资料库：主要包括电子课件、原始凭证图片及会计核算动画、教学录像、网络课程等。

### 三、实训方法

会计综合实训主要采用项目教学法与角色扮演法相结合的方法进行教学。

在模拟企业环境中，设置会计岗位，按照实际会计业务操作流程，分工协作，处理仿真的会计业务。典型方案是将学生组成若干小组，每个小组分为会计主管、出纳、制单会计和审核会计等角色，分别承担相应的会计岗位的工作任务，协同处理会计业务，再进行各岗位的轮换，以掌握每个会计岗位的技能，经历完整的会计工作流程。

## 第三节　会计实训的考核

本课程采用“综合评分法”对学生的学习情况进行考核。该方法采用百分制，包括过程考核和结果考核两个部分，由任课教师根据实际情况自行制定考核比率。具体考核时，可以编制小组实训成绩表计算个人成绩。表格如下：

**实训总成绩表**

| 姓名 | 过程考核(%) | 结果考核(%) | | | |
|---|---|---|---|---|---|
| | | 小组总结(%) | 会计档案(%) | 实训报告(%) | 小计 |
| | | | | | |
| | | | | | |
| | | | | | |
| | | | | | |

## 一、过程考核

过程考核主要从考勤情况、工作态度、工作质量、工作效率和沟通协作等方面进行考核，注重小组的组织管理。具体考核时，对每一个学习过程的工作内容分别进行评价，按照考核关键指标进行打分，可以采用组内成员互评和教师评价相结合的方法。

**实训过程考核表**

| 序号 | 学习过程 | 考核指标 | | | | | |
|---|---|---|---|---|---|---|---|
| | | 工作质量(%) | 考勤情况(%) | 工作态度(%) | 团队协作(%) | 其他(%) | 合计 |
| 1 | 认知企业及会计工作 | | | | | | |
| 2 | 建账 | | | | | | |
| 3 | 日常经济业务处理 | | | | | | |
| 4 | 成本核算 | | | | | | |
| 5 | 期末会计事项处理 | | | | | | |
| 6 | 会计报表编制 | | | | | | |
| 合　计 | | | | | | | |

## 二、结果考核

实训结果考核主要包括学生提交的会计档案资料、小组总结以及实训报告等内容。

会计档案资料由小组提交，包括会计凭证、会计账簿和财务会计报告等内容。会计档案资料可根据实际情况自行制定各自的评分标准。如不提交会计档案，则实训成绩为不合格。

小组总结由各个实训小组对本小组实训情况和结果进行总结、汇报和展示。实训结束时，每个小组必须进行汇报总结，如不进行小组汇报总结，则实训成绩为不合格。

实训报告应包括实训项目描述、主要任务、业务流程、岗位职责、每天的实训内容和实训后的个人总结等。实训结束后，每位同学必须及时提交实训报告。

# 第二章　认知企业会计工作

## 第一节　熟悉会计岗位与工作流程

### 一、会计岗位设置依据

(一)会计岗位设置的基本原则

按照《中华人民共和国会计法》、《会计基础工作规范》、《内部会计控制规范》的有关规定，应根据企业规模大小、会计业务的繁简和实际需要来设置会计工作岗位，要求既能满足经济管理的需要，又要避免与实际脱节，应当实事求是、讲求实效。会计岗位设置的基本原则如下：

1. 会计岗位设置要与企业的类型和性质、管理体制、组织结构、经营规模及会计工作组织形式相适应，要体现精简高效的原则。

2. 按照不相容职务相互分离的原则，合理设置会计及相关工作岗位，明确职责权限，形成相互制衡机制。不相容职务主要包括授权批准、业务经办、会计记录、财产保管、稽核检查等。

3. 指定会计机构负责人或者会计主管人员，负责领导和办理本单位的会计工作。

4. 机构内部应当建立稽核制度。指定专人(专职或兼职)对本单位的会计凭证、账簿、报表及其他会计资料进行审核，包括事前审核和事后复核，保证会计核算资料的合法性、合理性、准确性，保护公共财产，防止会计核算工作上的差错和经手人员的舞弊。

5. 机构内部的钱账分管制度，指凡涉及货币资金和财物的收付、结算及其登记的任何一项工作，规定由两人或两人以上分工掌管，以起到相互制约作用的一种工作制度。如支付现金，由出纳付款、稽核员审核、记账员登记，不得由一人兼办。其目的主要是为了加强工作人员间的相互核对、相互牵制，防止差错、防止失误，及时纠正差错。一旦发生舞弊行为，也易于发现。

出纳人员不得兼任稽核、会计档案保管及收入、支出、费用、债权债务账目的登记工作。

(二)基本会计岗位的主要职责

根据《会计法》的规定，会计机构、会计人员的主要职责是：①进行会计核算；②实行会计监督；③拟定本单位办理会计事务的具体办法；④参与拟定经济计划、业务计划，考核、分析预算、财务计划的执行情况；⑤办理其他会计事务。根据《会计基础工作规范》，一般可进行以下分工：

1. 会计机构负责人或会计主管岗位

会计机构负责人或会计主管人员要根据国家法规制度，制定企业内部财务会计制度，制定本单位办理会计事务的具体办法；组织筹集资金，节约使用资金，组织编制本单位资金的筹集计划和使用计划，并组织实施；提出财务报告，对会计数据进行分析，汇报财务工作；组织进行企业经营活动分析，参与拟定经济计划、业务计划，考核、分析预算、财务计划的执行分析，参与经营决策；组织会计人员学习，考核调配人员。

2. 会计核算岗位

会计核算各岗位人员的主要工作内容包括对货币资金、采购与付款、销售与收款、存货核算、工资核算、固定资产核算、成本费用、投资、筹资和捐赠等经济业务的会计核算。先由会计人员对经审核员审核过的原始凭证先判断其经济业务性质，并据此填制记账凭证，然后由记账会计登记有关会计账簿。

3. 出纳岗位

按规定办理货币资金支付手续，负责登记现金日记账及银行存款日记账，负责保管库存现金、有价证券，并保管部分印章。

4. 会计报表岗位

采用一定的会计核算程序，登记总分类账，根据结账之后的总账和明细账，编制财务会计报告并进行财务分析。

5. 稽核会计岗位

负责对本单位的会计凭证、账簿、报表及其他会计资料进行合法性、合规性、合理性审核，包括事前审核和事后复核。

6. 会计档案管理岗位

按规定管理各种会计档案，包括会计凭证、账簿、报表、其他会计资料及会计软件文档等，负责进行归档、装订、存放和保管等工作。

## 二、会计基本工作流程

会计主管、出纳、总账会计和成本会计人员四人协同工作，分岗操作基本工作流程说明如下：

（一）建账

1. 总账会计（或会计主管）建立总账和明细账；

2. 出纳建立日记账。

（二）审核原始凭证

1. 审核员（会计主管）接到外来或自制的原始凭证或原始凭证汇总表，对其进行合法性、合规性、合理性审核，同时签署审核意见；

2. 将审核无误的原始凭证传递给总账会计。

（三）填制记账凭证

1. 总账会计和成本会计取得已审核的原始凭证，首先判断其经济业务性质，再填制记账凭证，最后在记账凭证的“制单”处签名或盖章；

2. 将已填制完成的记账凭证及所附原始凭证传递给审核员（会计主管）。

（四）审核记账凭证

1. 审核员（会计主管）接到总账会计转来的记账凭证及所附原始凭证，进行认真审核，经审核无误后，应在记账凭证“审核”处签名或盖章，以示负责；

2. 将审核后的记账凭证再传递给总账会计。

（五）登记日记账

1. 出纳接到审核员（会计主管）转来的会计凭证及所附原始凭证，据此登记“现金日记账”或“银行存款日记账”，登记日记账完成后，在记账凭证的“出纳”处签名或盖章；

2. 将记账凭证及所附原始凭证传递给总账会计。

（六）登记明细账

1. 总账会计接到会计凭证，据此登记所属明细分类账；

2. 完成登账工作后，在记账凭证的“√”栏内注明入账符号，再在“记账”处签名或盖章；

3. 将已经完成登记日记账和登记明细账的记账凭证及所附原始凭证传递给会计主管。

（七）登记总账

会计主管接到记账凭证，根据记账凭证进行科目汇总，登记总分类账，并在总账栏打“√”。

（八）期末对账

会计主管、总账会计和出纳分别对总账、明细账和日记账进行核对，审查是否相符。

（九）期末结账

会计主管负责编报前的试算平衡，会计主管、总账会计和出纳分别进行结账，包括总账、明细账和日记账。

（十）编制报表

总账会计编制资产负债表、利润表和所有者权益变动表，会计主管编制现金流量表。

（十一）审核报表

将编制的资产负债表、利润表、现金流量表和所有者权益变动表递交会计主管（审核员）进行审核。

（十二）档案管理

总账会计将原始凭证或原始凭证汇总表作为记账凭证的附件，将记账凭证按照装订凭证的规定加具封面，注明单位名称、年度、月份和起讫日期，并由装订人签名或盖章。

总账会计应将各种账页按不同格式（或类别）装订成册，附上账簿启用登记表。

会计主管将全部会计报表附上会计报表封面，注明单位名称、年度、月份。

所有会计档案应送交会计主管（审核员）审核。审核合格后，会计主管归档保管等待上交。

## 三、会计模拟实训前的知识准备

（一）填制与审核会计凭证

1. 学生填制原始凭证时，要注意文字和数字的书写方法。凡是需要填写大、小写金额的原始凭证，大、小写金额必须相符。大写金额中，零、壹、贰、叁、肆、伍、陆、柒、捌、玖、拾、佰、仟、万、亿等一律用正楷或行书书写，不得用○、一、二、三、四、五、六、七、八、九、十、百、千等代替。小写金额用阿拉伯数字书写，字迹要清楚，不要连笔写，以免发生错误。

2. 金额中有若干个“0”的汉字大写，只写一个“零”。例如，金额“1 003.00”应写为“壹仟零叁元整”。

3. 从外单位或个人处取得的原始凭证，必须加盖单位公章或责任人签章。付给外单位或个人的原始凭证必须加盖单位公章。自制原始凭证也需要有财务部门负责人或指定人员的签字或盖章。

4. 一式多联的发票或收据必须内容清楚，书写时注意各联次的字迹必须清晰，易于辨认。作废时应当加盖“作废”章，连同存根一起保存，不得撕毁，以备检查。

5. 在填制记账凭证时应注意，一个月内的记账凭证要连续编号，日期以经济业务事项的日期为准。一笔经济业务在一张记账凭证上写不完，需要填制两张或两张以上记账凭证，可以采用分数编号法编号。

6. 如果在填制记账凭证时发生错误，但尚未登记入账，应当重新填制，但已经登记入账的凭证，在当年内发现填写错误时，如果属于会计科目错误，要用红字填写一张与原内容相同的记账凭证，并在摘要栏内写明“注销某月某日某号凭证”，同时用黑色记账笔填写一张正确的记账凭证，并在摘要栏内写明“订正某月某日某号凭证”。如果会计科目没有写错，只是金额错误，根据正确金额与错误金额之间的差额再编写一张调整记账凭证，如果调增金额，则要用黑字；如果调减金额，则要用红字。如果发现以前年度记账凭证有错误，要根据会计制度的有关规定做出相应的分录调整，填写记账凭证后，据以登记入账。

7. 记账凭证填制经济业务事项后，金额栏有空行，应当自最后一笔金额数字下的空行处至合计数上的空行处划线注销。

8. 除更正错误的记账凭证可以不附原始凭证外，其他记账凭证必须附有原始凭证。如果一笔业务编制多张记账凭证共用的原始凭证，能分开则分开，不能分开则要附在前面一张记账凭证的后面，后面的记账凭证附票据张数处写“见某某号”。

9. 记账凭证合计栏金额前加人民币符号￥，其余部分不加￥。

10. 记账凭证的填制要与记账凭证的要素相符，包括填写日期、编号、业务内容摘要、会计科目、金额、注销线、所附原始凭证的张数，以及制单人员、复核人员、记账人员、财务部门负责人的签名或盖章，收付款记账凭证还应有出纳员的签字或盖章。

(二)登记账簿

1. 手工登记账簿时，一要注意美观、规范；二要注意留有余地，以备出现错误有更正的机会。文字和数字的书写要贴底线，上面要留有适当空间，文字占行高的二分之一，数字占行高的三分之一。

2. 登记账簿要用蓝黑墨水笔书写。红色墨水笔一般在冲销错误记录或登记负数时使用。

3. 会计账簿记录发生错误，不得涂改、挖补、刮擦或者用药水消除字迹。登记账簿时如果出现错误的文字或数字，应在错误处用一条红线划销，使原有错误字迹保留，易于看清，然后在划线上方重新填写正确的文字或数字。

4. 登记账簿完成后，在已登记完毕的记账凭证上注明符号，表示已经登记完毕，避免重复登记或漏登记。如果是一人登记全部账簿，打“√”即可；如果是多人登记，为了明确责任，要加盖个人章。

5. 登记账簿时，应当将凭证上的有关内容逐一登记入账，如凭证的填制日期、业务内容摘要、凭证编号、金额等相关资料，登记日记账需要填写对方科目。登记账簿时，字迹要工整，金额要准确无误。

6. 在登记账簿时，要注意连续登记，如果发生空行，应当在空白处划红线注销或注明“此行为空白”，如果出现空页，应红字注明“此页为空白”，并加盖责任人章。

7. 账簿需要结出余额的，应当在记账完毕后及时结出余额，并在“借或贷”栏中写出“借”或“贷”字样，如果账簿余额为 0，“0”应写在“元”位，在“0”前后各划一条短横线，写成“- 0 -”，并在“借或贷”栏中写“平”字。

8. 每一账页登记完毕结转下页时，应结出本页余额，然后在最后一行标明“过次页”字样，并在下页的第一行标明“承前页”字样。

9. 登记账簿要注意结账方法。库存现金日记账和银行存款账要日清月结，如果业务很多，每日终了时结本日借贷方发生额合计及余额，并在摘要栏内加盖“本日合计”；月末，把每日合计加在一起，计算出本月借、贷方发生额的合计，在摘要栏内加盖“本月合计”，并在下面划通栏单红线；从2月份起至11月份止，每个月除结出“本月合计”外，还要结出“本年累计”，并在摘要栏内加盖“本年合计”，划通栏单红线。12月末的“本年累计”就是全年累计发生额，在摘要栏内加盖“本年合计”，下面划通栏双红线。如果经过核对准确无误后，应把余额结转到下年，并在摘要栏内加盖“结转下年”，在下一会计年度新建的有关会计账簿的第一行摘要栏内加盖“上年结转”，并将上一年度的余额填入新建会计账簿的第一行余额栏内。总账、明细账的结账方法，要根据需要来确定。

（三）账务处理程序

账务处理程序也称为会计核算组织形式，是指从原始凭证的整理、汇总、审核，记账凭证的填制、汇总、审核，日记账、明细分类账、总账的登记，到会计报表编制的步骤和方法。在手工会计核算形式下，根据登记总账的依据不同，账务处理程序分为记账凭证账务处理程序、汇总记账凭证账务处理程序、科目汇总表账务处理程序、多栏式日记账账务处理程序、日记总账账务处理程序等。无论哪种账务处理程序，基本模式都可以概括为原始凭证—记账凭证—会计账簿—会计报表。实际工作中企业所选用的账务处理程序要与本单位业务性质、规模大小、繁简程度、经营管理的要求和特点等相适应，要有利于加强会计核算工作的分工协作，有利于实现会计控制和监督目标，能正确、及时、完整地提供会计信息使用者需要的信息，降低会计信息成本，提高会计核算的工作效率。

本模拟实训企业采用科目汇总表的账务处理程序。具体工作步骤如下图所示。

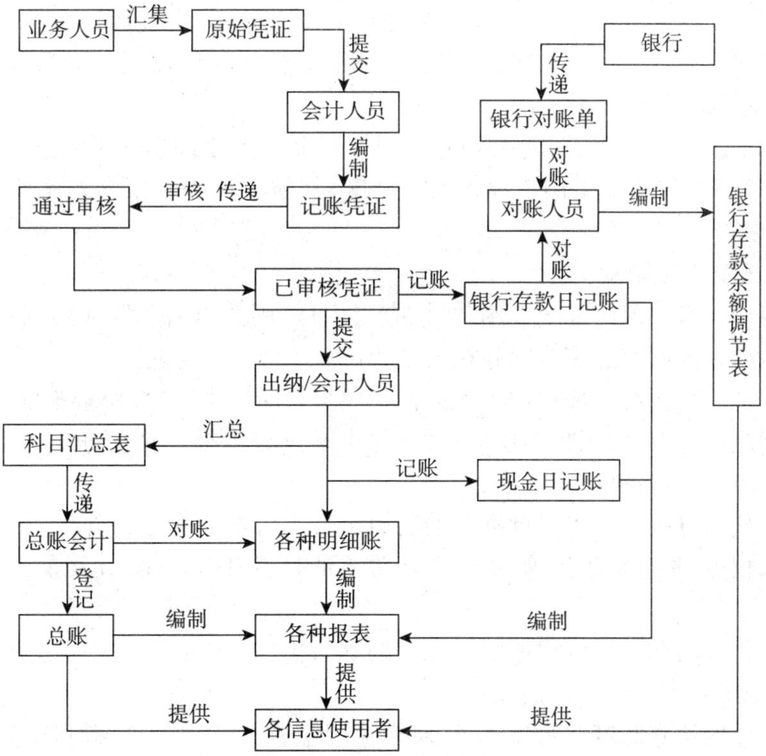


科目汇总表账务处理程序

# 第二节 了解企业内部控制制度

根据《会计法》、《企业会计准则》、《企业财务通则》、《内部会计控制规范》及有关财经、税收法规制度，为了加强会计核算和内部会计监督，提高会计信息质量，保护资产的安全、完整，确保有关法律法规和规章制度的贯彻执行，结合本公司实际，制定本单位内部会计制度。

## 一、会计工作组织

1. 公司采用科目汇总表账务处理程序，每10日编制科目汇总表并登记一次总账，明细账则根据记账凭证逐笔登记。

2. 公司开设总分类账、明细分类账、现金和银行存款日记账及银行结算票据备查簿、有价证券和借款的备查簿。总账和日记账采用三栏式账页格式，明细账根据需要分别选用三栏式、数量金额式和多栏式账页格式。

3. 公司按规定编制资产负债表、利润表、现金流量表和所有者权益变动表。

## 二、货币资金核算

1. 库存现金。库存现金实行限额管理，核定的库存现金限额为8 000元。现金的使用范围按《现金管理暂行条例》的规定执行。

2. 银行存款。公司只开设基本存款账户，开户银行为中国工商银行武汉光谷支行，账号：6222464612345678。会计核算中以人民币为记账本位币（核算中金额计算保留至分位），记账文字为中文，公司不设立外币存款账户，若发生外币资金的收付及债务债券业务，按当日的市场汇率折合人民币记账。

3. 其他货币资金。公司在证券公司开设证券资金账户，用于购买股票及债券。

4. 备用金管理。采购员采用定额备用金制度，其他人员出差预借差旅费，回公司后一次结清。

5. 用款审核及支付制度。

(1)支付申请。有关部门和个人用款时，应当填写“用款申请单”，注明款项的用途、金额、支付方式等内容，并附有效经济合同和相关证明。

(2)支付审批。公司有关部门和个人进行费用报销时应填写“费用报销单”，审批人根据其职责、权限和相应程序在“费用报销单”上对支付申请进行审批。对不符合规定的货币资金支付申请，审批人应当拒绝批准。

(3)支付复核。复核人应当对批准后的货币资金支付申请进行复核，复核货币资金支付申请的批准范围、权限、程序是否正确，手续及相关单证是否齐全，金额计算是否正确，支付方式是否妥当等。

(4)办理支付。出纳人员应根据复核无误的支付申请，按规定办理货币资金支付手续，及时登记现金日记账和银行存款日记账。

(5)货币资金的清查制度。每日终了，对库存现金进行实地盘点，确保现金账面余额与实际库存相符。银行存款每月根据银行对账单进行核对清查。发现不符，及时查明原因，做出处理。

(6)结算方式。结算方式有现金、现金支票、转账支票、银行汇票、银行承兑汇票、商业承兑汇票、汇兑、委托收款、托收承付等。

## 三、采购与付款

(一)组织采购

1. 按照请购、审批、采购、验收、付款等规定的程序办理采购和付款业务,并在采购和付款的各个环节设置相关的记录,填制相应的凭证。

2. 建立完整的采购登记制度,要进行请购手续、采购订单(或采购合同)、验收证明、入库凭证、采购发票等文件和凭证的相互核对工作。

3. 按照合同规定,符合退货条件的,应及时办理退货,并收回退货货款。

(二)付款控制

1. 财务部门在办理付款时,应当对采购发票、结算凭证、验收证明等相关凭证的真实性、完整性、合法性及合规性进行严格审核。

2. 由专人按照约定的付款日期、折扣条件等管理应付款项。已到期的应付款项必须经有关人员授权审批后方可办理结算与支付。

3. 建立预付款项和定金的授权批准制度,加强预付账款和定金的管理。

(三)供应商管理

1. 掌握供应商的信誉、供货能力等有关情况,由采购和使用等部门共同参与竞价程序,并按规定的授权批准程序确定供应商。

2. 定期与供应商核对应付账款、应付票据、预付账款等往来款项。如有不符,则查明原因及时处理。

## 四、销售收款

(一)收款控制

1. 销售商品收到的现金及各种票据应于当日送存银行。

2. 销售时如果有现金折扣,在实际发生时确认为当期财务费用。

3. 销售人员应当避免与销售现款接触。

(二)坏账处理

1. 公司应收账款坏账损失采用备抵法核算,其他的应收款项不计提坏账准备。期末按照应收账款余额百分比法计提坏账准备,坏账准备计提率为5%。

2. 发生的各种坏账,应查明原因,明确责任,并在履行规定的审批程序后作出会计处理。

3. 注销的坏账应当进行备查登记,做到账销案存。已注销的坏账又收回时应当及时入账,防止形成账外款。

(三)客户管理

1. 对长期往来客户应当建立起完善的客户资料,并对客户资料实行动态管理,及时更新。

2. 按客户设置应收账款台账,及时登记每一客户应收账款余额增减变动情况和信用额度使用情况。

3. 建立应收账款账龄分析制度和逾期应收账款催收制度。销售部门应当负责应收账款的催收,财务部门应当督促销售部门加紧催收。

4. 公司每半年与往来客户通过函证等方式核对应收账款、应收票据、预收账款等往来款项。如有不符，应查明原因，及时处理。

## 五、存货核算

1. 公司原材料采用计划成本法组织日常核算，材料成本差异率为综合差异率，材料成本差异率计算保留四位小数；周转材料、库存商品采用实际成本法组织日常核算，发出周转材料、库存商品采用全月一次加权平均法计价。

2. 原材料入库业务，于月末根据“收料单”编制“收料凭证汇总表”，汇总进行原材料入库业务的总分类核算。

3. 原材料发出业务，于月末根据“领料单”编制“发料凭证汇总表”，汇总进行原材料出库业务的总分类核算。

## 六、折旧和摊销

公司固定资产折旧和无形资产摊销均采用年限平均法，公司固定资产折旧方法和折旧年限与税法规定一致。各类固定资产的折旧年限和折旧率如下表所示，预计净残值率均为4%。

| 固定资产类别 | 折旧年限(年) | 年折旧率(%) |
| --- | --- | --- |
| 房屋建筑物 | 20 | 5.4 |
| 生产设备 | 10 | 9.6 |
| 运输设备 | 4 | 24 |
| 管理设备 | 5 | 20.4 |

## 七、税金及附加费的核算

1. 公司为增值税一般纳税人，增值税税率为17%。

2. 公司适用的城市维护建设税税率为7%，教育费附加征收率为3%。

3. 公司营业税、车船税、房产税和土地使用税均按规定计算缴纳。

4. 公司按规定代扣代缴个人所得税。

5. 公司企业所得税税率为25%，并假设这一税率适用于未来可预见的期间，公司不享受其他税收优惠政策。企业所得税的核算采用资产负债表债务法。企业所得税缴纳采用按季预缴，按年汇算清缴的方式，公司以前年度的企业所得税假设已进行汇算。

6. 本实训不考虑除上述税费以外的其他税费。

## 八、与工资有关的各项经费、基金的计提

1. 公司按有关规定计算缴纳社会保险费和住房公积金。基本社会保险及住房公积金以本月工资总额作为计提基数，计提比例如下：基本养老保险为22%，企业承担14%，个人承担8%；医疗保险为10%，企业承担8%，个人承担2%；失业保险为3%，企业承担2%，个人承担1%；工伤保险为1%，全部由企业承担；生育保险为0.8%，全部由企业承担；住房公积金为16%，企业承担8%，个人承担8%。

2. 公司由个人承担的社会保险费、住房公积金在缴纳时通过“其他应付款”账户进行核算。

3. 公司职工福利费不预提，按实际发生金额列支；工会经费和职工教育经费分别按应付工资总额的2%、2.5%比例计提。工会经费按月划拨给工会专户。

4. 公司根据有关规定，每年按当年净利润（扣减以前年度未弥补亏损后）的10%计提法定盈余公积，不计提任意盈余公积。

## 九、产品成本的核算

1. 公司采用品种法计算产品成本，成本项目为直接材料、直接人工和制造费用。成本计算中各分配率的计算保留四位小数。

2. 本月发生的直接材料费以各种产品材料消耗定额比例为标准在各种产品之间进行分配，本月发生的直接人工和制造费用按实际生产工时在各种产品之间进行分配。

3. 月末在产品和完工产品之间费用的分配采用约当产量法，原材料在第一道工序开始一次投入，直接人工费用和制造费用的完工程度分工序按定额生产工时计算，月末在产品在本工序的完工程度均为50%。

## 十、其他

1. 公司所在地具有活跃的房地产市场，房地产公允价值能够可靠计量的，投资性房地产采用公允价值计量模式。

2. 未列明的其他会计事项，公司根据现行《企业会计准则》的相关规定处理。

# 第三章　实训资料

## 第一节　了解企业概况

### 一、模拟企业简介

企业名称：武汉好时尚制衣有限责任公司
地　　址：武汉市光谷大街 165 号
电　　话：027－87436666
注册资本：2 000 万元
法人代表：张世杰
公司经营范围：主要从事工装的生产和销售。
纳 税 号：140102244212428
开户行及账号：工商银行武汉光谷支行，6222464612345678（基本户）
银行预留印鉴：

财务专用章

法人代表名章

### 二、模拟企业会计岗位职责

模拟企业财务部设置四个岗位，分别为会计主管、出纳、总账会计和成本会计，在教学过程中，安排四名学生为一组（也可三人一组，其中总账会计、主管会计可由一人兼任），通过分工协作，最终完成总的任务。

会计主管——刘莉莉。职责：领导和组织公司会计核算工作；负责审核会计凭证、对账和编制财务报表并进行财务分析；负责保管财务专用章；负责编制纳税申报表；组织会计档案的整理和保管；组织编制财务预算、决算；组织财产清查等。

总账会计——张明。职责：编制除产品成本业务之外的其他业务的会计凭证；负责编制科目汇总表，登记总分类账等。

成本会计——黄开威。职责：负责产品成本核算，编制成本计算原始凭证，编制产品成本业务记账凭证，登记“生产成本”、“制造费用”明细账，编制成本报表，进行成本分析等。

出纳——陈曦。职责：负责办理库存现金和银行存款收款、付款业务；保管库存现金、有价证券及法人代表名章；登记库存现金日记账、银行存款日记账；配合清查人员进行库存现金、银行存款清查等。

## 第二节　期初余额

**账户余额表**

2012年11月30日　　　　金额单位：元

| 总账科目 | 二级科目 | 三级科目 | 借方余额 | 贷方余额 |
|---|---|---|---|---|
| 一、资产类 | | | | |
| 库存现金 | | | 12 632.00 | |
| 银行存款 | 中国工商银行武汉光谷支行 | | 554 662.50 | |
| | 交通银行武汉光谷支行 | | 3 000 000.00 | |
| 其他货币资金 | 存出投资款 | | 408 500.00 | |
| 应收票据 | 山西劳保用品中心 | | 60 500.00 | |
| | 攀枝花劳保用品销售公司 | | 234 000.00 | |
| | 无锡纺织品有限公司 | | 50 000.00 | |
| 应收账款 | 武汉百成实业公司 | | | 608 762.00 |
| | 武汉大通劳保用品销售公司 | | 540 650.97 | |
| | 宜昌宏华达实业公司 | | 126 755.00 | |
| | 南昌红盛实业公司 | | 216 652.00 | |
| 预付账款 | 枣阳纺织设备公司 | | | 122 425.20 |
| | 太原惠达纺织品公司 | | 236 655.65 | |
| 坏账准备 | 应收账款 | | | 25 166.25 |
| 其他应收款 | 周洁 | | 6 000.00 | |
| | 厂办公室 | | 10 550.00 | |
| 原材料 | 原料及主要材料 | | 106 481.40 | |
| | 辅助材料 | | 20 460.00 | |
| | 修理用备品备件 | | 5 000.00 | |
| 周转材料 | 包装物 | | 1 500.00 | |
| | 低值易耗品 | | 800.00 | |
| 材料成本差异 | | | | 2 582.88 |
| 库存商品 | 男夏装 | | 52 231.15 | |
| | 女夏装 | | 42 482.88 | |
| | 男冬装 | | 39 464.60 | |
| | 女冬装 | | 42 851.25 | |
| 长期股权投资 | 武汉七星商贸有限公司 | 投资成本 | 3 000 000.00 | |

续表

| 总账科目 | 二级科目 | 三级科目 | 借方余额 | 贷方余额 |
|---|---|---|---|---|
| | | 损益调整 | 129 580.00 | |
| 固定资产 | 房屋建筑物 | | 3 250 000.00 | |
| | 生产设备 | | 2 560 000.00 | |
| | 运输设备 | | 1 215 150.00 | |
| | 管理设备 | | 697 560.00 | |
| 累计折旧 | | | | 1 209 803.60 |
| 固定资产减值准备 | | | | |
| 在建工程 | 迎宾楼 | | 7 256 100.00 | |
| | C 号厂房 | | 2 563 222.47 | |
| 固定资产清理 | 锁眼机 | | 25 929.00 | |
| 无形资产 | 专利权 | | 560 000.00 | |
| | 土地使用权 | | 6 000 000.00 | |
| 累计摊销 | 专利权 | | | 135 000.00 |
| | 土地使用权 | | | 750 000.00 |
| 递延所得税资产 | | 应收账款 | | 15 369.66 |
| | | 可抵扣亏损 | | 8 696.75 |
| 二、负债类 | | | | |
| 应付票据 | 江苏美好纺织品公司 | | | 1 355 000.00 |
| | 广州泰德实业公司 | | | 1 128 925.00 |
| 应付账款 | 暂估应付款 | | | 18 000.00 |
| | 武汉供电分公司 | | | 0.00 |
| | 武汉水星纺织用品公司 | | | 575 950.00 |
| 预收账款 | 东君盛实业公司 | | | 120 000.00 |
| | 新华实业公司 | | 76 550.00 | |
| 应付职工薪酬 | 应付工资 | | | 340 368.68 |
| | 应付社会保险费 | | | 106 063.80 |
| | 应付住房公积金 | | | 41 110.00 |
| | 应付职工教育经费 | | | 9 800.00 |
| 其他应付款 | 应付住房公积金 | | | 24 666.00 |
| | 应付社会保险费 | | | 45 221.00 |
| 应交税费 | 应交所得税 | | 981 522.24 | |
| | 应交个人所得税 | | | 1 044.32 |

续表

| 总账科目 | 二级科目 | 三级科目 | 借方余额 | 贷方余额 |
|---|---|---|---|---|
| | 未交增值税 | | | 373 440.00 |
| | 应交城市维护建设税 | | | 26 140.80 |
| | 应交教育费附加 | | | 11 203.20 |
| 长期借款 | 专项借款 | 交通银行武汉江岸支行 | | 3 000 000.00 |
| 三、所有者权益 | | | | |
| 实收资本 | | | | 18 000 000.00 |
| 资本公积 | 资本溢价 | | | 165 824.22 |
| 盈余公积 | 法定盈余公积 | | | 99 261.00 |
| 本年利润 | | | | 5 907 809.25 |
| 利润分配 | 未分配利润 | | 45 600.00 | |
| 四、成本类 | | | | |
| 生产成本 | 男冬装 | | 97 590.50 | |
| 合　计 | | | | |

注：11 月份月初所有者权益账户的余额为："实收资本"账户余额为 18 000 000.00 元，"资本公积——资本溢价"账户余额为 165 824.22 元，"盈余公积——法定盈余公积"账户的余额为 99 261.00 元，"本年利润"账户贷方余额 5 907 809.25 元，"利润分配——未分配利润"账户借方余额 45 600.00 元，其余所有者权益类明细账户无余额。

武汉好时尚制衣有限责任公司 2012 年 11 月份有关明细账户余额如下：

## 原材料明细账户余额表

2012 年 11 月 30 日　　　　金额单位：元

| 类　别 | 品　名 | 单位 | 数量 | 计划单位成本 | 金额 |
|---|---|---|---|---|---|
| 原料及主要材料 | 天然印花薄布 | 米 | 900 | 25.8 | 23 220.00 |
| | 天然纯色薄布 | 米 | 1008 | 25.8 | 26 006.40 |
| | 天然印花厚布 | 米 | 630 | 32.9 | 20 727.00 |
| | 天然纯色厚布 | 米 | 720 | 32.9 | 23 688.00 |
| | 扣子 | 包(100 个) | 1200 | 10.7 | 12 840.00 |
| | 小计 | | | | 106 481.40 |
| 辅助材料 | 松紧带 | 卷(50 米) | 50 | 70 | 3 500.00 |
| | 反光条 | 卷(50 米) | 366 | 40 | 14 640.00 |
| | 线 | 塔 | 232 | 10 | 2 320.00 |
| | 小计 | | | | 20 460.00 |
| 修理用备品 | 225 高级衣车油 | | 50 | 100 | 5 000.00 |
| 合　计 | | | | | 131 941.40 |

## 周转材料明细账户余额表

2012 年 11 月 30 日　　金额单位:元

| 品　名 | 单位 | 数量 | 单位成本 | 金额 |
|---|---|---|---|---|
| 包装物类 | | | | 1 500.00 |
| 男夏装袋 | 包(100 个) | 50 | 5 | 250.00 |
| 女夏装袋 | 包(100 个) | 58 | 5 | 290.00 |
| 男冬装袋 | 包(100 个) | 80 | 6 | 480.00 |
| 女冬装袋 | 包(100 个) | 80 | 6 | 480.00 |
| 低值易耗品类 | | | | 800.00 |
| 裁案 | 张 | 16 | 50 | 800.00 |
| 合　计 | | | | 2 300.00 |

## 库存商品明细账户余额表

2012 年 11 月 30 日　　金额单位:元

| 品　名 | 数量 | 单价 | 金额 |
|---|---|---|---|
| 男夏装 | 355 | 147.13 | 52 231.15 |
| 女夏装 | 298 | 142.56 | 42 482.88 |
| 男冬装 | 196 | 201.35 | 39 464.60 |
| 女冬装 | 225 | 190.45 | 42 851.25 |
| 合　计 | | | 177 029.88 |

## 生产成本明细账户余额表

2012 年 11 月 30 日　　金额单位:元

| 产品名称 | 数量 | 直接材料 | 直接人工 | 制造费用 | 合计 |
|---|---|---|---|---|---|
| 男夏装 | | | | | |
| 女夏装 | | | | | |
| 男冬装 | 500 | 72 540.00 | 22 550.00 | 2 500.50 | 97 590.50 |
| 女冬装 | | | | | |
| 合　计 | | | | | 97 590.50 |

# 第三节　业务资料

## 业务 1:

1 日,冲销上月暂估入账的原材料成本。(原记账凭证复印件)

1

复印件与原件核对无误

**记 账 凭 证**

2012年11月30日　　记字第 126 号

| 摘要 | 总账科目 | 明细科目 | 借方金额 | 贷方金额 | √ |
|---|---|---|---|---|---|
| 暂估原材料入账 | 原材料 | 天然纯色厚布 | 1800000 | | |
| | 应付账款 | 暂估材料款 | | 1800000 | |
| | | | | | |
| | | | | | |
| | | | | | |
| | | | | | |
| 合计 | | | ¥1800000 | ¥1800000 | |

附单据 1 张

会计主管: 刘莉莉　记账: 张明　出纳: 陈曦　复核: 刘莉莉　制单: 张明

## 业务 2:

1 日,采用商业承兑汇票结算方式采购材料,用银行存款支付的运费按采购材料数量进行分配。(增值税专用发票、商业承兑汇票存根、运费发票、银行回单)

**湖北省增值税专用发票**

1401112440　　发票联　　NO.30956232

开票日期:2012 年 12 月 01 日

| | | | | | | | |
|---|---|---|---|---|---|---|---|
| 购货单位 | 名　　称:武汉好时尚制衣有限责任公司<br>纳税人识别号:140102244212428<br>地 址 、电 话:武汉市光谷大街 165 号 027－87436666<br>开户行及账号:中国工商银行武汉光谷支行 6222464612345678 | | | 密码区 | 9+6−2+−246>4>0+86/0＊41>41/3<br>6＊70<＊831<−++9476<3392/37>2<br>110<9+004＊/489227＊＊/32−41+<br>08/52>2++＊−3−<35＊827/+−7887 | | 加密版本:01<br>4200081651<br>30956232 |
| 货物或应税劳务名称 | 规格型号 | 单位 | 数量 | 单价 | 金额 | 税率 | 税额 |
| 天然纯色薄布 | | 米 | 4 500 | 26.00 | 117 000.00 | 17% | 19 890.00 |
| 天然印花薄布 | | 米 | 5 500 | 26.00 | 143 000.00 | 17% | 24 310.00 |
| 天然纯色厚布 | | 米 | 3 400 | 34.00 | 115 600.00 | 17% | 19 652.00 |
| 天然印花厚布 | | 米 | 3 600 | 34.00 | 122 400.00 | 17% | 20 808.00 |
| 合计 | | | | | 498 000.00 | | 84 660.00 |
| 价税合计(大写) | ⊕伍拾捌万贰仟陆佰陆拾元整 | | | | (小写)¥582 660.00 | | |
| 销货单位 | 名　　称:北京宏伟纺织有限责任公司<br>纳税人识别号:1101215440251710<br>地 址 、电 话:北京市海淀区东风苑 110 号 01087372523<br>开户行及账号:中国工商银行北京海淀支行 622234434225376 | | | 备注 | 北京宏伟纺织有限责任公司<br>1101215440251710<br>发票专用章 | | |

收款人:　　复核:　　开票人:高开　　销货单位:(章)

第二联:抵扣联　购货方抵扣凭证

## 商业承兑汇票(存根)　3

39008892

出票日期
(大写)贰零壹贰年　壹拾贰月　零壹日

| | | | | | |
|---|---|---|---|---|---|
| 付款人 | 全称 | 武汉好时尚制衣有限责任公司 | 收款人 | 全称 | 北京宏伟纺织有限责任公司 |
| | 账号 | 6222464612345678 | | 账号 | 6222344434225376 |
| | 开户银行 | 工商银行武汉光谷支行 | | 开户银行 | 中国工商银行北京海淀支行 |
| 出票金额 | | 人民币(大写):伍拾捌万贰仟陆佰陆拾元整 | | | 亿 千 百 十 万 千 百 十 元 角 分<br>¥ 5 8 2 6 6 0 0 0 |
| 汇票到期日(大写) | | 贰零壹叁年零陆月零壹日 | 付款人开户行 | 行号 | 102161000197 |
| 交易合同号码 | | 11031 | | 地址 | 武汉市光谷大街165号 |
| 备注 | | | | | |

此联由出票人存查

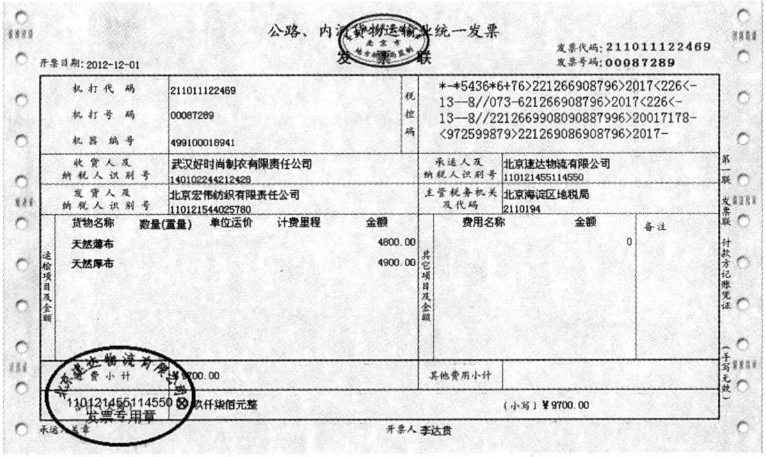
公路、内河货物运输业统一发票
发票联
开票日期:2012-12-01
发票代码:211011122469
发票号码:00087289

| | | | | |
|---|---|---|---|---|
| 机打代码 | 211011122469 | 税控码 | *-*5436*6+76>221266908796>2017<226<-<br>13--8//073-621266908796>2017<226<-<br>13--8//22126699080908887996>20017178-<br><972599879>221269086908796>2017- | |
| 机打号码 | 00087289 | | | |
| 机器编号 | 499100018941 | | | |
| 收货人及纳税人识别号 | 武汉好时尚制衣有限责任公司<br>140102244212428 | 承运人及纳税人识别号 | 北京速达物流有限公司<br>110121455114550 | |
| 发货人及纳税人识别号 | 北京宏伟纺织有限责任公司<br>110121544025780 | 主管税务机关及代码 | 北京海淀区地税局<br>2110194 | |

| 运输项目及金额 | 数量(重量) | 单位运价 | 计费里程 | 金额 | 其它项目及金额 费用名称 | 金额 | 备注 |
|---|---|---|---|---|---|---|---|
| 天然薄布 | | | | 4800.00 | | 0 | |
| 天然厚布 | | | | 4900.00 | | | |
| 运费小计 | | | | ¥9700.00 | 其他费用小计 | | |
| 合计(大写) | 玖仟柒佰元整 | | | | (小写)¥9700.00 | | |

承运人盖章　　开票人 李达贵

第一联 发票联 付款方记账凭证 (手写无效)

## 中国工商银行　电子转账凭证

币种:人民币　　委托日期:2012年12月01日　　凭证编号:58684319

| | | | | | |
|---|---|---|---|---|---|
| 付款人 | 全称 | 武汉好时尚制衣有限责任公司 | 收款人 | 全称 | 北京速达物流有限公司 |
| | 账号 | 6222464612345678 | | 账号 | 6222344434225235 |
| | 汇出地点 | 湖北省武汉市 | | 汇入地点 | 北京市　省　市/县 |
| 汇出行名称 | | 工商银行武汉光谷支行 | 汇入行名称 | | 中国工商银行北京海淀支行 |
| 金额 | 人民币(大写) | 玖仟柒佰元整 | | | 亿 千 百 十 万 千 百 十 元 角 分<br>¥ 9 7 0 0 0 |
| 附加信息及用途:<br>运费 | | 中国工商银行<br>武汉光谷支行<br>2012.12.04<br>转讫<br>(01)<br>银行盖章 | 支付密码 | | |
| | | | 根据中国工商银行武汉好时尚制衣有限责任公司客户09019号电子指令,上述款项已由本行支付。<br>客户经办人:1234　复核　记账 | | |

第一联 客户回单

## 业务3：

4日，申请办理银行汇票，用以支付材料款。（委托书回执、银行收费凭证）

**ICBC 中国工商银行**
**业务委托书回执**
**APPLICATION FOR MONEY TRANSFER ACKNOWLEDGEMENT**
**鄂 BOO**250440

| | |
|---|---|
| 委托人账号 | 6222464612345678 |
| 收款人全称 | 北京宏伟纺织有限责任公司 |
| 收款人账号 | 6222344434225376 |
| 金额 | ￥18000.00 |
| 委托日期 | 2012.12.04 |

此联为银行受理通知书。若委托人申请汇票或本票业务，应凭此联领取汇票或本票。
This Paper is the bank acceptance advice. For draft or promissory note application, please return this paper.

中国工商银行
武汉光谷支行
2012.12.04
转讫
（01）

**中国工商银行**
INDUSTRIAL AND COMMERCIAL BANK OF CHINA

**收费凭证**

币别：人民币　　2012年12月04日　　流水号：420860042101000002

| 付款人 武汉好时尚制衣有限责任公司 | | | 账号 6222464612345678 | | |
|---|---|---|---|---|---|
| 项目名称 | 工本费 | 手续费 | 电子汇划费 | | 金额 |
| 银行汇票申请手续费 | 0.00 | 4.00 | 0.00 | | RMB4.00 |
| | | | | | |
| | | | | | |
| | | | | | |
| | | | | | |
| 金额（大写）人民币肆元整 | | | | | RMB4.00 |
| 付款方式 | 转账 | | | | |
| 业务类型：对公收费 | | | | | |
| 电子回单箱费（每年） | | | | | |

记账联附件

中国工商银行武汉光谷支行
2012.12.04
转讫

## 业务 4:

7 日,用银行汇票采购原材料,多余款已退回。(增值税专用发票、银行收账通知)

**湖北省增值税专用发票**

1101112140　　发票联　　NO.00025365

开票日期:2012 年 12 月 07 日

| | | | | | | | |
|---|---|---|---|---|---|---|---|
| 购货单位 | 名　　称:武汉好时尚制衣有限责任公司<br>纳税人识别号:140102244212428<br>地 址 、电 话:武汉市光谷大街 165 号 027—87436666<br>开户行及账号:中国工商银行武汉光谷支行 6222464612345678 | | | 密码区 | 9+6—2+—246>4>0+86/0*41>41/3<br>6*70<*831<—++9476<3392/37>2<br>110<9+004*/489227**/32—41+<br>08/52>2++*—3—<35*827/+—7887 | 加密版本:01<br>4200081651<br>00025365 | |
| 货物或应税劳务名称 | 规格型号 | 单位 | 数量 | 单价 | 金额 | 税率 | 税额 |
| 反光条 | | 圈 | 220 | 45.00 | 9 900.00 | 17% | 1 683.00 |
| 合计 | | | | | 9 900.00 | | 1 683.00 |
| 价税合计(大写) | ⊕壹万壹仟伍佰捌拾叁元整 | | | | (小写)¥11 583.00 | | |
| 销货单位 | 名　　称:北京宏伟纺织有限责任公司<br>纳税人识别号:110121544025712<br>地 址 、电 话:北京市海淀区东风苑 110 号 010－87372523<br>开户行及账号:中国工商银行北京海淀支行 622234434225376 | | | 备注 | 北京宏伟纺织有限责任公司 110121544025712 发票专用章 | | |

收款人:　　复核:　　开票人:苏岩　　销货单位:(章)

第二联:抵扣联 购货方抵扣凭证

---

付款期限 壹 月

**中国工商银行**
**银行汇票(多余款收账通知)** 4

GE 02 58792082

第 225 号

出票日期(大写):贰零壹贰年壹拾贰月零柒日

代理付款行:中国工商银行北京海淀支行　行号:102100014

收款人:北京宏伟纺织有限责任公司　账号:622234434225376

出票金额:人民币(大写)壹万捌仟元整　3456 18000.00

实际结算金额:人民币(大写)壹万壹仟伍佰捌拾叁元整

| 千 | 百 | 十 | 万 | 千 | 百 | 十 | 元 | 角 | 分 |
|---|---|---|---|---|---|---|---|---|---|
| | | ¥ | 1 | 1 | 5 | 8 | 3 | 0 | 0 |

申请人:武汉好时尚制衣有限责任公司　账号或住址:6222464612345678

出票行:中国工商银行武汉光谷支行　行号:102161000197

备　注:

出票行签章　中国工商银行武汉光谷支行 2012.12.07 转讫(01)

多余金额

| 千 | 百 | 十 | 万 | 千 | 百 | 十 | 元 | 角 | 分 |
|---|---|---|---|---|---|---|---|---|---|
| | | | ¥ | 6 | 4 | 1 | 7 | 0 | 0 |

左列退回多余金额已收入你账户内。

2012 年 12 月 07 日

此联出票行作多余款后交申请人

上海证券印刷有限公司 2005年印制

## 业务 5：

8 日，通过银企税系统缴纳税费。（电子缴税付款凭证 3 张）

**中国工商银行电子缴税回单**

转账日期：2012 年 12 月 08 日

纳税人全称及纳税人识别号：武汉好时尚制衣有限责任公司　140102244212428

付款人全称：武汉好时尚制衣有限责任公司

付款人账号：6222464612345678　　征收机关名称：武汉市光谷国家税务局

付款人开户银行：中国工商银行武汉光谷支行　　收款国库（银行）名称：国家金库武汉市光谷支库

小写（合计）金额：￥373 440.00　　缴款书交易流水号：19710838134

大写（合计）金额：人民币叁拾柒万叁仟肆佰肆拾元整　　税票号码：14010862845136

| 税（费）种名称 | 所属时期 | 实缴金额 |
| --- | --- | --- |
| 增值税 | 20121101－20121130 | 373 440.00 |

第 1 次打印　　打印日期：2012 年 12 月 08 日

中国工商银行武汉光谷支行 2012.12.08 转讫

**中国工商银行电子缴税回单**

转账日期：2012 年 12 月 08 日

纳税人全称及纳税人识别号：武汉好时尚制衣有限责任公司　140102244212428

付款人全称：武汉好时尚制衣有限责任公司

付款人账号：6222464612345678　　征收机关名称：武汉市光谷国家税务局

付款人开户银行：中国工商银行武汉光谷支行　　收款国库（银行）名称：国家金库武汉市光谷支库

小写（合计）金额：￥37 344.00　　缴款书交易流水号：23461081860

大写（合计）金额：人民币叁万柒仟叁佰肆拾肆元整　　税票号码：14019797137432

| 税（费）种名称 | 所属时期 | 实缴金额 |
| --- | --- | --- |
| 城市维护建设税-城市市区（增值税） | 20121101－20121130 | 26 140.80 |
| 教育费附加（增值税） | 20121101－20121130 | 11 203.20 |

第 1 次打印　　打印日期：2012 年 12 月 08 日

中国工商银行武汉光谷支行 2012.12.08 转讫

**中国工商银行电子缴税回单**

转账日期：2012 年 12 月 08 日

纳税人全称及纳税人识别号：武汉好时尚制衣有限责任公司　140102244212428

付款人全称：武汉好时尚制衣有限责任公司

付款人账号：6222464612345678　　征收机关名称：武汉市光谷国家税务局

付款人开户银行：中国工商银行武汉光谷支行　　收款国库（银行）名称：国家金库武汉市光谷支库

小写（合计）金额：￥1 044.32　　缴款书交易流水号：23461081861

大写（合计）金额：人民币壹仟零肆拾肆元叁角贰分　　税票号码：14019797137433

| 税（费）种名称 | 所属时期 | 实缴金额 |
| --- | --- | --- |
| 个人所得税-工资薪金所得 | 20121101－20121130 | 1 044.32 |

第 1 次打印　　打印日期：2012 年 12 月 08 日

中国工商银行武汉光谷支行 2012.12.08 转讫

## 业务6:

8日,以证券资金账户款项购入股票,公司决定将该股票划分为可供出售金融资产。(股票交割单)

### 湖北证券光谷营业部交割单

客户编号:220002038　姓名:武汉好时尚制衣有限责任公司　对账日期:2012.12.08　打印柜员:2213

资金信息:

| 币种 | 资金余额 | 可用金额 | 可取现金 | 资产总值 |
|---|---|---|---|---|
| 人民币 | 351 432.76 | 351 432.76 | 351 432.76 | 459 432.76 |

流水明细:

| 日期 | 币种 | 业务标志 | 证券名称 | 证券代码 | 发生数量 | 成交均价 | 佣金 | 印花税 | 其他费 | 收付金额 | 资金余额 | 备注 |
|---|---|---|---|---|---|---|---|---|---|---|---|---|
| 2012.12.07 | 人民币 | 股票买入 | 武汉电力 | 3 534 | 1 000 | 10.8 | 432.00 | 0.00 | 0.00 | －108 432.00 | 351 432.76 | |
| | | | | | | | | | | | | |
| | | | | | | | | | | | | |
| | | | | | | | | | | | | |
| | | | | | | | | | | | | |
| | | | | | | | | | | | | |
| 合计 | | | | | | | | | | | | |

| 证券名称 | 证券代码 | 当前数 | 可用数 | 最新价 | 市值 | 币种 |
|---|---|---|---|---|---|---|
| 武汉电力 | 3 534 | 10 000 | 10 000 | 10.80 | 108 000.00 | 人民币 |
| | | | | | | |
| | | | | | | |
| | | | | | | |
| | | | | | | |
| | | | | | | |

## 业务 7：

9 日，职工张宏伟报销差旅费。（差旅费报销单、飞机票 2 张、住宿及会议费发票）

### 差旅费报销单

2012 年 12 月 08 日

| 所属部门 | 行政部门 | 姓名 | 张宏伟 | 出差天数 | 自 12 月 05 日至 12 月 07 日共 3 天 | | | |
|---|---|---|---|---|---|---|---|---|
| 出差事由 | 参加会议 | | 借支旅费 | 日期 | | | 金额￥ | |
| | | | | 结算金额：￥4 860.00 | | | | |
| 出发 | | 到达 | | 起止地点 | 交通费 | 住宿费 | 伙食费 | 其他 |
| 月 | 日 | 月 | 日 | | | | | |
| 12 | 5 | 12 | 5 | 武汉—成都 | 1 200.00 | 1 460.00 | | 1 000.00 |
| 12 | 7 | 12 | 7 | 成都—武汉 | 1 200.00 | | | |
| | | | | | | | | |
| | | | | | | | | |
| | | | | | | | | |
| 合计 | 零拾零万肆仟捌佰陆拾零元零角零分　￥4 860.00 | | | | | | | |

现金付讫

总经理：张世杰　财务经理：刘莉莉　部门经理：刘家昌　会计：张明　出纳：陈曦　报销人：张宏伟

航空运输电子客票行程单
ITINERARY/RECEIPT OF E-TICKET FOR AIR TRANSPORT
印刷序号：4136305061 6 SERIAL NUMBER:

| 旅客姓名 NAME OF PASSENGER | 有效身份证件号码 ID.NO. | 签注 ENDORSEMENTS/RESTRICTIONS (CARBON) |
|---|---|---|
| 张宏伟 | 140101198205236811 | 不得签名 |

| | 承运人 CARRIER | 航班号 FLIGHT | 座位等级 CLASS | 日期 DATE | 时间 TIME | 客票级别/客票类别 FARE BASIS | 客票生效日期 NOT VALID BEFORE | 有效截止日期 NOT VALID AFTER | 免费行李 ALLOW |
|---|---|---|---|---|---|---|---|---|---|
| 自 FROM 武汉 | WNX | 8335 | Y | 05DEC | 10：20 | Y | | | 20KG |
| 至 TO 成都 | SZX | VOID | | | | | | | |
| 至 TO VOID | | | | | | | | | |
| 至 TO | | | | | | | | | |

至 TO　CNY　票价 FARE 1100.00　机场建设费 AIRPORT TAX 50.00　燃油附加费 FUEL SURCHARGE 50.00　其他税费 OTHER TAXES　合计 TOTAL CNY1200.00

电子客票号码 E-TICKET NO. 1323407678111　验证码 CK. 9651　提示信息 INFORMATION　保险费 INSURANCE

销售单位代号 AGENT CODE. TY00410040000　填开单位 ISSUED BY 武汉市捷达航空服务　填开日期 DATE OF ISSUE 2012-12-05

验真网址：WWW.TRAVELSKY.COM　服务热线：400-815-8888　短信验真：发送JP至10669018

付款凭证 RECEIPT　手写无效 INVALID IN HANDWRITING

航空运输电子客票行程单
ITINERARY/RECEIPT OF E-TICKET FOR AIR TRANSPORT
印刷序号：4136305076 5 SERIAL NUMBER:

| 旅客姓名 NAME OF PASSENGER | 有效身份证件号码 ID.NO. | 签注 ENDORSEMENTS/RESTRICTIONS (CARBON) |
|---|---|---|
| 张宏伟 | 140101198205236811 | 不得签名 |

| | 承运人 CARRIER | 航班号 FLIGHT | 座位等级 CLASS | 日期 DATE | 时间 TIME | 客票级别/客票类别 FARE BASIS | 客票生效日期 NOT VALID BEFORE | 有效截止日期 NOT VALID AFTER | 免费行李 ALLOW |
|---|---|---|---|---|---|---|---|---|---|
| 自 FROM 成都 | SZX | 8334 | Y | 07DEC | 09：20 | Y | | | 20KG |
| 至 TO 武汉 | WNX | VOID | | | | | | | |
| 至 TO VOID | | | | | | | | | |
| 至 TO | | | | | | | | | |

至 TO　CNY　票价 FARE 1100.00　机场建设费 AIRPORT TAX 50.00　燃油附加费 FUEL SURCHARGE 50.00　其他税费 OTHER TAXES　合计 TOTAL CNY1200.00

电子客票号码 E-TICKET NO. 1323407678111　验证码 CK. 9651　提示信息 INFORMATION　保险费 INSURANCE

销售单位代号 AGENT CODE. TY00410040000　填开单位 ISSUED BY 武汉市捷达航空服务　填开日期 DATE OF ISSUE 2012-12-07

验真网址：WWW.TRAVELSKY.COM　服务热线：400-815-8888　短信验真：发送JP至10669018

付款凭证 RECEIPT　手写无效 INVALID IN HANDWRITING

## 湖北省地方税务局通用机打发票

（印章：全国统一发票监制章　湖北省　地方税务局监制）

发票联

机打代码：211001111133　　　　发票代码：211001111133

机打号码：00002201　　　　发票号码：00002201

开票日期：2012年12月07日　　行业分类：服务业

付款单位名称：武汉好时尚制衣有限责任公司　　付款单位识别号：

| 货物及劳务名称 | 规格 | 单位 | 数量 | 单价 | 金额 |
|---|---|---|---|---|---|
| 住宿费 | | | | | 1 460 |
| 会务费 | | | | | 1 000 |

合计人民币（大写）贰仟肆佰陆拾元整　　　　￥2 460.00

（印章：成都东方酒店有限公司　519113987791070　发票专用章）

收款单位名称：成都东方酒店有限公司　收款单位开户银行及账号：中国工商银行股份有限公司成都百锦支行：6222554333534933

收款单位识别号：5199113987791070　　开票人：张友　　备注：

第二联　发票联（购货单位付款凭证）（手开无效）

## 业务 8：

9 日，收回红盛公司应收账款。（进账单）

中国工商银行 **进账单**（收账通知）

2012 年 12 月 09 日

| | | | | | |
|---|---|---|---|---|---|
| 出票人 | 全　　称 | 南昌红盛实业有限公司 | 收款人 | 全　　称 | 武汉好时尚制衣有限责任公司 |
| | 账　　号 | 6222545544453318 | | 账　　号 | 6222464612345678 |
| | 开户银行 | 中国工商银行南昌溪流支行 | | 开户银行 | 中国工商银行武汉光谷支行 |

| 金额 | 人民币（大写） | 亿 | 千 | 百 | 十 | 万 | 千 | 百 | 十 | 元 | 角 | 分 |
|---|---|---|---|---|---|---|---|---|---|---|---|---|
| | 贰拾壹万陆仟陆佰伍拾贰元整 | | | ¥ | 2 | 1 | 6 | 6 | 5 | 2 | 0 | 0 |

| | | |
|---|---|---|
| 票据种类 | 转账支票 | 中国工商银行武汉光谷支行 2012.12.09 转讫 |
| 票据号码 | 07865671 | |
| 票据张数 | 1 张 | |
| 复核：　　记账： | | 收款人开户行盖章 |

此联是收款人开户银行交给收款人的收账通知

## 业务 9:

10 日,通过网银发放 11 月份的工资。(工资结算汇总表、银行回单、批量代付清单)

### 工资结算汇总表

2012 年 11 月 30 日　　　　金额单位:元

| 部门 | | 应付工资 | 代扣工资 | | | | | | 实发金额 |
|---|---|---|---|---|---|---|---|---|---|
| | | | 养老保险 8% | 失业保险 1% | 医疗保险 2% | 住房公积金 6% | 个人所得税 | 小计 | |
| 生产车间 | 生产工人 | 232 031.00 | 18 562.48 | 2 320.31 | 4 640.62 | 13 921.86 | | 39 445.27 | 192 585.73 |
| | 管理人员 | 12 835.00 | 1 026.80 | 128.35 | 256.70 | 770.10 | | 2 181.95 | 10 653.05 |
| 管理部门 | | 166 234.00 | 13 298.72 | 1 662.34 | 3 324.68 | 9 974.04 | 844.32 | 29 104.10 | 137 129.90 |
| 合计 | | 411 100.00 | 32 888.00 | 4 111.00 | 8 222.00 | 24 666.00 | 844.32 | 70 731.32 | 340 368.68 |

审核:李达　　　　制单:张兰

### 中国工商银行　电子转账凭证

币种:人民币　　委托日期:2012 年 12 月 10 日　　凭证编号:58684391

| | | | | | |
|---|---|---|---|---|---|
| 付款人 | 全称 | 武汉好时尚制衣有限责任公司 | 收款人 | 全称 | 批量代付 |
| | 账号 | 6222464612345678 | | 账号 | |
| | 汇出地点 | 武汉市光谷 | | 汇入地点 | |
| 汇出行名称 | | 中国工商银行武汉光谷支行 | 汇入行名称 | | |
| 金额 | 人民币(大写) | 叁拾肆万零叁佰陆拾捌元陆角捌分 | 亿 千 百 十 万 千 百 十 元 角 分 | | ¥ 3 4 0 3 6 8 6 8 |
| 附加信息及用途:<br>职工工资 | | 中国工商银行武汉光谷支行<br>2012.12.10<br>转讫<br>银行盖章 | 支付密码 | | |
| | | | 根据中国工商银行武汉好时尚制衣有限责任公司客户 09099 号电<br>客户经办人:1234　复核　记账 | | |

第一联　客户回单

### 特色业务工行武汉光谷支行批量代付成功清单

机构代码:8376　　机构名称:工行武汉光谷支行　　入账日期:2012 年 12 月 10 日

| 账号 | 姓名 | 金额 |
|---|---|---|
| 6222024100005160661 | 王强 | 5 833.40 |
| 6222024100005160662 | 李工 | 3 969.48 |
| 6222024100005160663 | 刘晓 | 5 086.40 |
| 6222024100005160664 | 张宏伟 | 2 714.91 |
| 6222024100005160665 | 陈中华 | 2 327.80 |
| 6222024100005160666 | 马晓 | 2 014.73 |
| 以下略 | | |
| 合计 | | 340 368.68 |

中国工商银行武汉光谷支行　2012.12.10　转讫

## 业务 10：

10 日，签发转账支票，在本地购买高速成平缝机。（付款申请书、支票存根、增值税专用发票、固定资产验收单）

> 本题收款人信息见付款申请书，转账支票的支付密码为：1486－2848－0866－2635，银行行号：102161000185。
>
> 要求出纳人员办理下列业务：
>
> (1)手工签发转账支票和填制进账单，按制度要求加盖银行预留印鉴，并至银行柜台办理支票倒送手续。
>
> (2)持进账单回单至“供应商”台索取购货发票，作为本题入账依据。
>
> (3)在计算机系统中录入“转账支票”的核心记载事项。

### 付款申请书

2012 年 12 月 10 日

| 用途及情况 | 金额 | | | | | | | | | | | 收款单位(人)：武汉缝纫机器有限责任公司 |
|---|---|---|---|---|---|---|---|---|---|---|---|---|
| 支付设备款 | 亿 | 千 | 百 | 十 | 万 | 千 | 百 | 十 | 元 | 角 | 分 | 账号：6222464654546420 |
| | | | | ¥ | 7 | 6 | 0 | 5 | 0 | 0 | 0 | 开户行：中国工商银行武汉光谷支行 |
| 金额(大写)合计： | 柒万陆仟零伍拾元整 | | | | | | | | | | | 电汇：[ ]信汇：[ ]汇票：[ ]转账：[√]其他：[ ] |

| 总经理 | 张世杰 | 财务部门 | 经理 | 刘莉莉 | 业务部门 | 经理 | 胡志 |
|---|---|---|---|---|---|---|---|
| | | | 会计 | 张明 | | 经办人 | 李玲 |

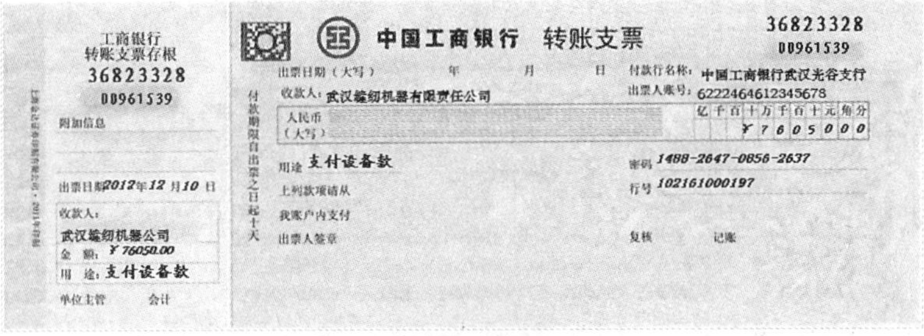
工商银行
转账支票存根
36823328
00961539
附加信息
出票日期2012年12月10日
收款人：
武汉缝纫机器公司
金额：¥76050.00
用途：支付设备款
单位主管　会计

中国工商银行　转账支票　36823328　00961539
出票日期（大写）　年　月　日　付款行名称：中国工商银行武汉光谷支行
收款人：武汉缝纫机器有限责任公司　出票人账号：6222464612345678
人民币（大写）　亿千百十万千百十元角分　¥7605000 0
用途 支付设备款　密码 1488-2647-0856-2637
上列款项请从　行号 102161000197
我账户内支付
出票人签章　复核　记账
付款期限自出票之日起十天

### 湖北省增值税专用发票

4200081651　　NO.52956232

发　票　联

开票日期：2012 年 12 月 10 日

| 购货单位 | 名　　称：武汉好时尚制衣有限责任公司<br>纳税人识别号：140102244212428<br>地 址 、电 话：武汉市光谷大街 165 号 027－87436666<br>开户行及账号：中国工商银行武汉光谷支行 6222464612345678 | 密码区 | 9+6－2+－246>4>0+86/0＊41>41/3<br>6＊70<＊831<－++9476<3392/37>2<br>110<9+004＊/489227＊＊/32－41+<br>08/52>2++＊－3－<35＊827/+－7887 | 加密版本：01<br>4200081651<br>52956232 |
|---|---|---|---|---|

| 货物或应税劳务名称 | 规格型号 | 单位 | 数量 | 单价 | 金额 | 税率 | 税额 |
|---|---|---|---|---|---|---|---|
| 高速成平缝机 | PF03 | 台 | 10 | 6 500.00 | 65 000.00 | 17% | 11 050.00 |
| 合计 | | | | | 65 000.00 | | 11 050.00 |
| 价税合计(大写) | ⊕柒万陆仟零伍拾元整 | | | | (小写)¥76 050.00 | | |

| 销货单位 | 名　　称：武汉缝纫机器有限责任公司<br>纳税人识别号：420106366864828<br>地 址 、电 话：武汉市江南路 152 号 027－86235858<br>开户行及账号：中国工商银行武汉江南支行 6222464654546420 | 备注 | 武汉缝纫机器有限责任公司<br>420106366864628<br>发票专用章 |
|---|---|---|---|

收款人：　　复核：　　开票人：秦岭　　销货单位：(章)

第二联：抵扣联购货方抵扣凭证

## 固定资产验收单

2012 年 12 月 10 日　　　　编号:016

| 名称 | 规格型号 | 来源 | 数量 | 购(造)价 |
|---|---|---|---|---|
| 高速成平缝机 | PF03 | 购入 | 10 | 65 000.00 |
| 安装费 | 月折旧率 | 建造单位 | | 交工日期 |
| | 0.80% | | | 年　月　日 |
| 验收部门:仓库　验收人员:陈军　管理部门:车间　管理人员:李玲 | | | | |
| 备注 | | | | |

审核:刘飞　　　　制单:方彬

## 业务 11：

11 日，收到职工朱元违反公司纪律交来的罚款。（收据、通知书）

### 收款收据

2012 年 12 月 11 日

| | | | | | |
|---|---|---|---|---|---|
| 今收到车间生产人员朱元 | | | | | |
| 交来：罚款　　现金收讫 | | | | | |
| 金额（大写）零拾零万零仟伍佰零拾零元零角零分 | | | | | |
| ¥500.00 | 现金 | 支票 | 信用卡 | 其他 | 收款单位（盖章） |

第三联交财务部

核准　　会计　　记账　　出纳　陈曦　　经手人

### 协助收款通知书

**财务部：**

2012 年 12 月 5 日，本公司车间生产工人朱元因违反厂规厂纪，罚款 500 元，请协助收款！

武汉好时尚制衣有限责任公司　行政部

2012 年 12 月 8 日

## 业务 12：

12 日，缴纳 11 月份的住房公积金。（住房公积金计算表、支票存根、住房公积金汇缴书）

### 住房公积金计算表

2012 年 11 月 30 日　　　　金额单位：元

| 部门 | | 应付工资 | 住房公积金 | | |
|---|---|---|---|---|---|
| | | | 企业承担部分 | 个人承担部分 | 小计 |
| | | | 10% | 6% | |
| 生产车间 | 生产工人 | 232 031.00 | 23 203.10 | 13 921.86 | 37 124.96 |
| | 管理人员 | 12 835.00 | 1 283.50 | 770.10 | 2 053.60 |
| 管理部门 | | 166 234.00 | 16 623.40 | 9 974.04 | 26 597.44 |
| 合　计 | | 411 100.00 | 41 110.00 | 24 666.00 | 65 776.00 |

审核：李达　　　　制单：张兰

工商银行
转账支票存根

武汉会达证券印刷有限公司2012年印刷

36823328
961450

附加信息

出票日期：2012年12月12日

| | |
|---|---|
| 收款人：<br>**武汉好时尚制衣公司** | |
| 金额：**￥65 776.00** | |
| 用途：**住房公积金** | |

单位主管　　会计

### 住房公积金汇(补)缴书

2012 年 12 月 12 日　　　　附：缴存变更清册　　页

| 缴款单位 | 单位名称 | 武汉好时尚制衣有限责任公司 | | 收款单位 | 单位名称 | 武汉好时尚制衣有限责任公司 | | |
|---|---|---|---|---|---|---|---|---|
| | 单位账号 | 6222464612345678 | | | 公积金账号 | 6222101264556000 | | |
| | 开户银行 | 中国工商银行武汉光谷支行 | | | 开户银行 | 中国工商银行武汉光谷支行 | | |
| 缴款类型 | [√]汇缴　[ ]补缴 | | | | | | | |
| 缴款人数 | 120 | 缴款期间 | 2012 年 11 月至 2012 年 11 月 | | | 月数 | 1 | |
| 缴款方式 | [ ]现金　[√]转账 | | | | | | | |

| 金额(大写) | 百 | 十 | 万 | 千 | 百 | 十 | 元 | 角 | 分 |
|---|---|---|---|---|---|---|---|---|---|
| 人民币陆万伍仟柒佰柒拾陆元整 | | ￥ | 6 | 5 | 7 | 7 | 6 | 0 | 0 |

| 上次汇缴 | | 本次增加汇缴 | | 本次减少汇缴 | | 本次汇(补)缴 | |
|---|---|---|---|---|---|---|---|
| 人数 | 金额 | 人数 | 金额 | 人数 | 金额 | 人数 | 金额 |
| 120 | 65 776.00 | | | | | 120 | 65 776.00 |

上述款项已划至市住房公积金管理中心住房公积金存款户内。（银行盖章）

复核：　　　　经办：　　　　2012 年 12 月 12 日

中国工商银行武汉光谷支行
2012.12.12
转讫

## 业务 13：

12 日，缴纳 11 月份的社会保险费。（社会保险费计算表、电子缴税付款回单）

### 社会保险费计算表

2012 年 11 月 30 日　　　　金额单位：元

| 部　门 | | 应付工资 | 社会保险费 | | |
|---|---|---|---|---|---|
| | | | 企业承担部分 | 个人承担部分 | 小计 |
| | | | 25.80% | 11% | |
| 生产车间 | 生产工人 | 232 031.00 | 59 864.00 | 25 523.41 | 85 387.41 |
| | 管理人员 | 12 835.00 | 3 311.43 | 1 411.85 | 4 723.28 |
| 管理部门 | | 166 234.00 | 42 888.37 | 18 285.74 | 61 174.11 |
| 合　计 | | 411 100.00 | 106 063.80 | 45 221.00 | 151 284.80 |

审核：李达　　　　制单：张兰

### 中国工商银行电子缴税回单

转账日期：2012 年 12 月 12 日

纳税人全称及纳税人识别号：武汉好时尚制衣有限责任公司　　140102244212428

付款人全称：武汉好时尚制衣有限责任公司

付款人账号：6222464612345678　　征收机关名称：武汉市光谷地方税务局

付款人开户银行：中国工商银行武汉光谷支行　　收款国库(银行)名称：国家金库武汉市光谷支库

小写(合计)金额：￥151 284.80　　缴款书交易流水号：23461081876

大写(合计)金额：人民币壹拾伍万壹仟贰佰捌拾肆元捌角整　　税票号码：14019797137445

| 税(费)种名称 | 所属时期 | 实缴金额 |
|---|---|---|
| 社会保险费 | 20121101－20121130 | 151 284.80 |

第 1 次打印　　打印日期：2012 年 12 月 12 日

中国工商银行武汉光谷支行
2012.12.12
转讫

## 业务 14：

13 日，向西山养老院捐赠款项一笔。（捐赠收据、支票存根）

**湖北省2012年行政事业单位收款收据**

财政发票监制章 湖北省 财政部监制

2012年12月13日　　No.098808

湖北省财政厅监制　湖北省财税印刷厂印制

今收到　武汉好时尚制衣有限责任公司　系付　捐赠款

人民币（大写）　陆万元整　小写￥ 60 000.00

收款单位（公章）：　会计（章）：　收款人（章）：

西山养老院 财务专用章

第二联　收据

工商银行
转账支票存根

36823328
961541

附加信息

出票日期：2012年12月13日

| | |
|---|---|
| 收款人：西山养老院 | |
| 金额：￥60 000.00 | |
| 用途：捐赠 | |

单位主管　会计

武汉会达证券印刷有限公司2012年印刷

## 业务 15：

13 日，销售产品，收到银行承兑汇票。（增值税专用发票、销售单、银行承兑汇票复印件）

1401112141　　　　**湖北省增值税专用发票**　　　　NO.30972732

此联不作报销　扣税凭证使用　　　　开票日期：2012 年 12 月 13 日

| | | | |
|---|---|---|---|
| 购货单位 | 名　　称：北京市海淀区劳保用品中心<br>纳税人识别号：110021554425325<br>地 址 、电 话：北京市海淀区万顺路 21 号 010－62152179<br>开户行及账号：中国工商银行北京海淀支行 6222464654546083 | 密码区 | 9＋6－2＋－246>4>0＋86/0＊41>41/3<br>6＊70<＊831<－＋＋9476<3392/37>2<br>110<9＋004＊/489227＊＊/32－41＋<br>08/52>2＋＋＊－3－<35＊827/＋－7887<br>加密版本：01<br>4200081651<br>309727732 |

| 货物或应税劳务名称 | 规格型号 | 单位 | 数量 | 单价 | 金额 | 税率 | 税额 |
|---|---|---|---|---|---|---|---|
| 男夏装 | | 套 | 800 | 340.00 | 272 000.00 | 17% | 46 240.00 |
| 女夏装 | | 套 | 600 | 320.00 | 192 000.00 | 17% | 32 640.00 |
| 男冬装 | | 套 | 600 | 380.00 | 228 000.00 | 17% | 38 760.00 |
| 女冬装 | | 套 | 800 | 380.00 | 288 000.00 | 17% | 48 960.00 |
| 合　计 | | | | | 980 000.00 | | 166 600.00 |
| 价税合计（大写） | ⊕壹佰壹拾肆万陆仟陆佰元整 | | | | （小写）¥1 146 600.00 | | |

| | | | |
|---|---|---|---|
| 销货单位 | 名　　称：武汉好时尚制衣有限责任公司<br>纳税人识别号：140102244212428<br>地 址 、电 话：武汉市光谷大街 165 号 027－87436666<br>开户行及账号：中国工商银行武汉光谷支行 6222464612345678 | 备注 | 武汉好时尚制衣有限责任公司<br>140102244212428<br>发票专用章 |

第一联：记账联　销货方记账凭证

收款人：　　复核：　　开票人：刘三　　销货单位：（章）

### 销售单

购货单位：北京市海淀区劳保用品中心　地址和电话：北京市海淀区万顺路 21 号 01062152179　单据编号：001

纳税识别号：110021554425325　开户行及账号：中国工商银行北京海淀支行 6222464654546083　制单日期：2012－12－13

| 编码 | 产品名称 | 规格 | 单位 | 单价 | 数量 | 金额 | 备注 |
|---|---|---|---|---|---|---|---|
| 01 | 男夏装 | | 套 | 340.00 | 800 | 272 000.00 | 不含税价 |
| 02 | 女夏装 | | 套 | 320.00 | 600 | 192 000.00 | |
| | | | | | | | |
| 合计 | 人民币（大写）：肆拾陆万肆仟元整 | | | | | ¥464 000.00 | |

会计联

总经理：张世杰　销售经理：张春林　经手人：刘小飞　会计：　签收人：杜春丽

### 销售单

购货单位：北京市海淀区劳保用品中心　地址和电话：北京市海淀区万顺路 21 号 01062152179　单据编号：002

纳税识别号：110021554425325　开户行及账号：中国工商银行北京海淀支行 6222464654546083　制单日期：2012－12－13

| 编码 | 产品名称 | 规格 | 单位 | 单价 | 数量 | 金额 | 备注 |
|---|---|---|---|---|---|---|---|
| 03 | 男冬装 | | 套 | 380.00 | 600 | 228 000.00 | 不含税价 |
| 04 | 女冬装 | | 套 | 360.00 | 800 | 288 000.00 | |
| | | | | | | | |
| 合计 | 人民币（大写）：伍拾壹万陆仟元整 | | | | | ¥516 000.00 | |

会计联

总经理：张世杰　销售经理：张春林　经手人：刘小飞　会计：　签收人：杜春丽

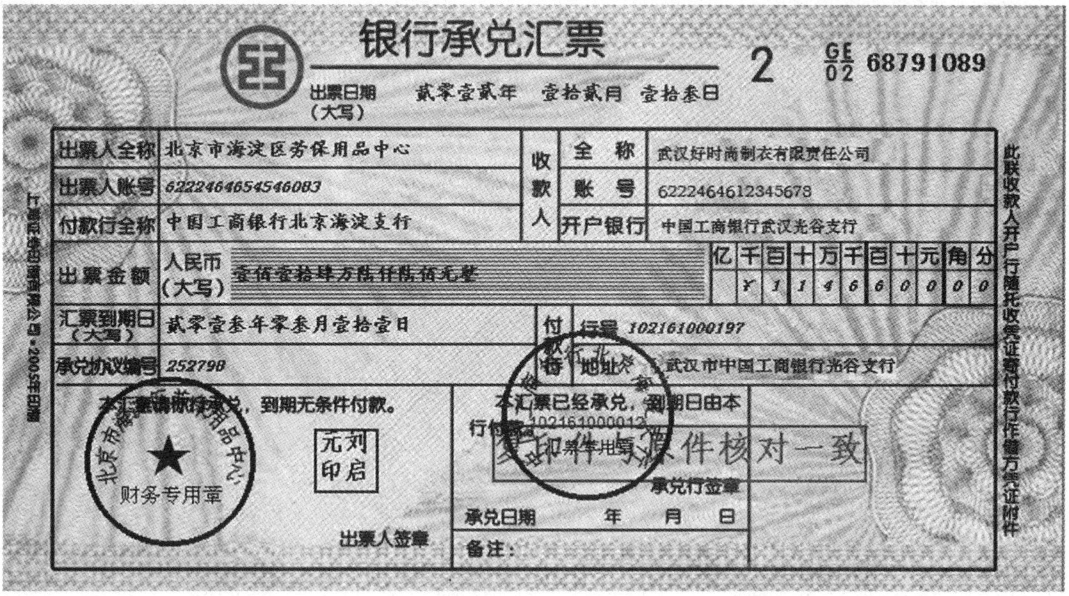

银行承兑汇票

2 GE/02 68791089

出票日期（大写） 贰零壹贰年 壹拾贰月 壹拾叁日

| | | | | |
|---|---|---|---|---|
| 出票人全称 | 北京市海淀区劳保用品中心 | 收款人 | 全称 | 武汉好时尚制衣有限责任公司 |
| 出票人账号 | 6222464654546083 | | 账号 | 6222464612345678 |
| 付款行全称 | 中国工商银行北京海淀支行 | | 开户银行 | 中国工商银行武汉光谷支行 |
| 出票金额 | 人民币（大写）壹佰壹拾肆万陆仟陆佰元整 | | | 亿 千 百 十 万 千 百 十 元 角 分：¥ 1 1 4 6 6 0 0 0 0 |
| 汇票到期日（大写） | 贰零壹叁年零叁月壹拾壹日 | 付款行 | 行号 | 102161000197 |
| 承兑协议编号 | 252798 | | 地址 | 武汉市中国工商银行光谷支行 |

本汇票请你行承兑，到期无条件付款。

北京市海淀区劳保用品中心 财务专用章

刘元 印启

出票人签章

本汇票已经承兑，到期日由本行付款。

102161000012

汇票专用章

复印件与原件核对一致

承兑行签章

承兑日期 年 月 日

备注：

此联收款人开户行随托收凭证寄付款行作借方凭证附件

上海证券印刷有限公司·2005年印制

## 业务 16：

13 日，支付销售产品运杂费。（运杂费发票、支票存根）

### 湖北省公路内河货物运输业统一发票

发票联

全国统一发票监制章 湖北省地方税务局监制

备查号

开票日期　2012 - 12 - 13

发票代码：214011122451

发票号码：00007457

| | | | | | | |
|---|---|---|---|---|---|---|
| 机打代码<br>机打号码<br>机器编号 | 214011122451<br>00007457<br>499100018941 | | | 税控码 | | |
| 收货人及纳税人识别号 | 北京市海淀区劳保用品中心<br>110021554425325 | | | 承运人及纳税人识别号 | 联运公司<br>370102800965337 | |
| 发货人及纳税人识别号 | 武汉好时尚制衣有限责任公司<br>140102244212428 | | | 主管税务机关及代码 | 武汉市光谷区地税局<br>2140194 | |
| 运输项目及金额 | 货物名称　单位运价　计费里程　金额<br>衣服　10　500　5 000.00 | | | 其他项目及金额 | 费用名称　金额<br>搬运费　700.00 | 备注：（手写无效）<br><br>代开单位盖章 |
| 运费小计 | ￥5 000.00 | | | 其他费用小计 | ￥700.00 | |
| 合计（大写） | 伍仟柒佰元整 | | | （小写）￥5 700.00 | | |

联运公司 370102800965337 发票专用章

承运人盖章　　　　开票人：丁大力

第二联发票联付款方记账凭证

工商银行

转账支票存根

36823328

961542

附加信息

出票日期：2012年12月13日

| | |
|---|---|
| 收款人：联运公司 | |
| 金额：￥5 700.00 | |
| 用途：运输费用 | |

单位主管　　会计

武汉会达证券印刷有限公司2012年印刷

## 业务 17：

14 日，支付行政管理部门电话费。（发票、支款通知）

### 中国电信武汉分公司收费专用发票

（全国统一发票监制章　发票联　湖北省　地方税务局监制）

发票代码：21401108711
发票号码：00002677

客户名称：武汉好时尚制衣有限责任公司　　客户号码：00001401006
开户银行：中国工商银行武汉光谷支行　　银行账号：6222464612345678
计费周期：2012－11－01 至 2012－11－30　合同号：　　填开日期：2012－12－14

| | |
|---|---|
| 长途电话费 | 1 305.55 |
| 市话费 | 857.06 |
| 信息费 | 312.00 |
| 月基本费 | 30.00 |
| （中国电信武汉分公司　140121542445400　发票专用章） | |
| 合计（大写）：贰仟伍佰零肆元陆角壹分 | ¥2 504.61 |
| 备注： | |

第二联：发票

收款人：王三　　收款单位（盖章）：

### 同城特约委托收款凭证（支款通知）

委托日期：2012 年 12 月 14 日　　流水号 002178944

<table>
<tr><td rowspan="3">付款人</td><td>全称</td><td colspan="2">武汉好时尚制衣有限责任公司</td><td rowspan="3">收款人</td><td>全称</td><td>中国电信武汉分公司</td></tr>
<tr><td>账号或地址</td><td colspan="2">6222464612345678</td><td>账号或地址</td><td>6222535333333333</td></tr>
<tr><td>开户银行</td><td colspan="2">中国工商银行武汉光谷支行</td><td>开户银行</td><td>中国工商银行武汉光谷支行</td></tr>
<tr><td>委托金额</td><td>人民币（大写）</td><td colspan="4">贰仟伍佰零肆元陆角壹分</td><td>¥2 504.61</td></tr>
<tr><td colspan="2">款项内容</td><td>合同号</td><td>2012125487</td><td colspan="2">附寄单证张数</td><td>1</td></tr>
<tr><td>电话费</td><td></td><td colspan="5" rowspan="3">注意事项：<br>1. 上列款项为见票全额付款<br>2. 上列款项若有误，请与收款单位协商解决<br>（中国工商银行武汉光谷支行　2012.12.14　转讫）</td></tr>
<tr><td></td><td></td></tr>
<tr><td></td><td></td></tr>
<tr><td colspan="2">备注</td><td colspan="5"></td></tr>
</table>

此联交付款人作支款通知

会计　　复核　　记账　　支付日期：2012 年 12 月 14 日

## 业务18：

15日，将12月13日签发的银行承兑汇票办理贴现。（银行承兑汇票复印件、贴现凭证）

> 要求：出纳人员手工填制“贴现凭证”（一式五联），到银行柜台办理相关手续，并按要求在计算机系统内录入核心信息。
>
> 月贴现率为6‰；计算贴现期时，另加3天异地结算期，2012年2月份为29天。

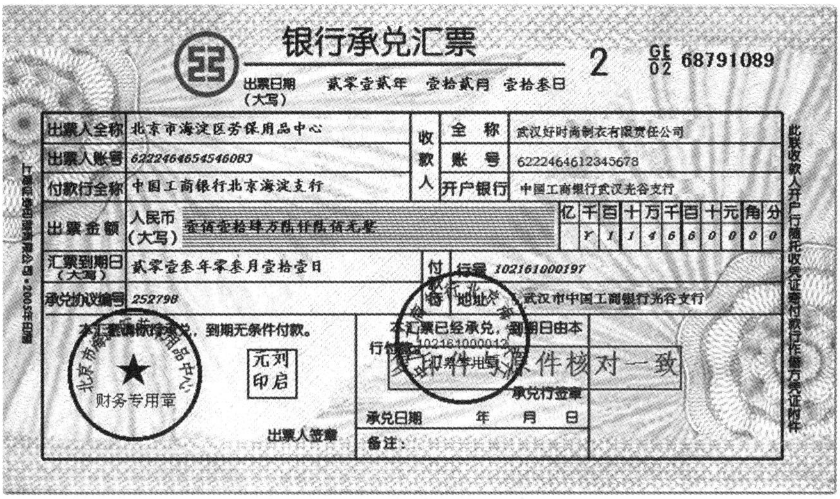

银行承兑汇票 2 GE 02 68791089

出票日期（大写） 贰零壹贰年 壹拾贰月 壹拾叁日

| 出票人全称 | 北京市海淀区劳保用品中心 | 收款人 全称 | 武汉好时尚制衣有限责任公司 |
|---|---|---|---|
| 出票人账号 | 6222464654546083 | 账号 | 6222464612345678 |
| 付款行全称 | 中国工商银行北京海淀支行 | 开户银行 | 中国工商银行武汉光谷支行 |
| 出票金额 | 人民币（大写）壹佰壹拾肆万陆仟陆佰元整 | 亿千百十万千百十元角分 | ¥ 1 1 4 6 6 0 0 0 0 |
| 汇票到期日（大写） | 贰零壹叁年零叁月壹拾壹日 | 付款行 行号 | 102161000197 |
| 承兑协议编号 | 252798 | 地址 | 武汉市中国工商银行光谷支行 |

本汇票请你行承兑，到期无条件付款。 北京市海淀区劳保用品中心 财务专用章 元刘印启 出票人签章

本汇票已经承兑，到期日由本行付款。 行号102161000012 复印件与原件核对一致 承兑行签章 承兑日期 年 月 日

备注：

此联收款人开户行随托收凭证寄付款行作借方凭证附件

## 贴现凭证（收款通知）④

申请日期　　　年　　月　　日　　　　　　　　　　第　　号

<table>
<tr><td rowspan="3">贴现汇票</td><td>种类</td><td colspan="2"></td><td>号码</td><td colspan="2"></td><td rowspan="3">持票人</td><td>名称</td><td colspan="3"></td></tr>
<tr><td>出票日</td><td colspan="5">年　月　日</td><td>账号</td><td colspan="3"></td></tr>
<tr><td>到期日</td><td colspan="5">年　月　日</td><td>开户银行</td><td colspan="3"></td></tr>
<tr><td colspan="2">汇票承兑人（或银行）</td><td>名称</td><td colspan="4"></td><td>账号</td><td></td><td>开户银行</td><td></td></tr>
<tr><td colspan="2">汇票金额（即贴现金额）</td><td colspan="7">人民币（大写）</td><td colspan="2">千百十万千百十元角分</td></tr>
<tr><td>贴现率每月</td><td>‰</td><td>贴现利息</td><td colspan="4">千百十万千百十元角分</td><td colspan="2">实付贴现金额</td><td colspan="2">千百十万千百十元角分</td></tr>
<tr><td colspan="9">上述款项已入你单位账号。<br>此致<br>贴现申请人<br>银行盖章</td><td colspan="2">备注：</td></tr>
</table>

此联银行给申请人的收款通知

## 业务 19：

16 日，支付车间固定资产修理费。（增值税专用发票、银行回单）

### 湖北省增值税专用发票

4200081651　　　　No.52956233

开票日期：2012 年 12 月 16 日

| | | | |
|---|---|---|---|
| 购货单位 | 名　　称：武汉好时尚制衣有限责任公司<br>纳税人识别号：140102244212428<br>地 址 、电 话：武汉市光谷大街 165 号 027−87436666<br>开户行及账号：中国工商银行武汉光谷支行 6222464612345678 | 密码区 | 9+6−2+−246>4>0+86/0*41>41/3<br>6*70<*831<−++9476<3392/37>2<br>110<9+004*/489227**/32−41+<br>08/52>2++*−3−<35*827/+−7887<br>加密版本：01<br>4200081651<br>52956233 |

| 货物或应税劳务名称 | 规格型号 | 单　位 | 数　量 | 单　价 | 金　额 | 税率 | 税　额 |
|---|---|---|---|---|---|---|---|
| 修理费 | | | | | 3 500.00 | 17% | 595.00 |
| 合计 | | | | | 3 500.00 | | 595.00 |
| 价税合计（大写） | ⊕肆仟零玖拾伍元整 | | | | （小写）¥4 095.00 | | |

| | | | |
|---|---|---|---|
| 销货单位 | 名　　称：武汉宏远设备维修中心<br>纳税人识别号：140121244212421<br>地 址 、电 话：武汉市和平路 52 号 027 - 86238789<br>开户行及账号：中国工商银行武汉和平支行 6222939354546420 | 备注 | |

收款人：　　复核：　　开票人：王五　　销货单位：（章）

第二联：抵扣联购货方抵扣凭证

### 中国工商银行电子汇划付款回单

2012 年 12 月 16 日

| | | | | | |
|---|---|---|---|---|---|
| 付款人 | 全称 | 武汉好时尚制衣有限责任公司 | 收款人 | 全称 | 武汉宏远设备维修中心 |
| | 账号或地址 | 6222464612345678 | | 账号或地址 | 6222939354546420 |
| | 开户银行 | 中国工商银行光谷支行 | | 开户银行 | 中国工商银行武汉和平支行 |
| 金额 | 人民币（大写） | 肆仟零玖拾伍元整 | | | ¥4 095.00 |
| 用途 | | 维修费 | | | |

备注：

汇划日期：2012.12.16　　汇划流水号：

汇出行行号：　　原凭证种类：

原凭证号码：　　原凭证金额：¥4 095.00

汇款人地址：　　收款人地址：

实际收款人账号：6222939354546420　　实际收款人名称：武汉宏远设备维修中心　　银行盖章

中国工商银行武汉光谷支行
2012.12.16
转讫

## 业务 20：

16 日，收到攀枝花劳保用品公司到期银行承兑汇票款。（托收凭证收账通知）

中国工商银行　**托收凭证**　（收账通知）

委托日期：2012 年 12 月 16 日

<table>
<tr><td rowspan="3">付款人</td><td>全　称</td><td>攀枝花劳保用品销售公司</td><td rowspan="3">收款人</td><td>全　称</td><td colspan="9">武汉好时尚制衣有限责任公司</td></tr>
<tr><td>账　号</td><td>6222464654546445</td><td>账　号</td><td colspan="9">6222464612345678</td></tr>
<tr><td>开户银行</td><td>工行攀枝花建一支行</td><td>开户银行</td><td colspan="9">工行武汉光谷支行</td></tr>
<tr><td colspan="2" rowspan="2">人民币<br>（大写）</td><td colspan="2" rowspan="2">贰拾叁万肆仟元整</td><td>亿</td><td>千</td><td>百</td><td>十</td><td>万</td><td>千</td><td>百</td><td>十</td><td>元</td><td>角</td><td>分</td></tr>
<tr><td></td><td></td><td>¥</td><td>2</td><td>3</td><td>4</td><td>0</td><td>0</td><td>0</td><td>0</td><td>0</td></tr>
<tr><td colspan="2">票据种类</td><td colspan="2">银行承兑汇票</td><td colspan="11" rowspan="3">中国工商银行武汉光谷支行<br>2012.12.16<br>转讫<br><br>收款人开户行盖章</td></tr>
<tr><td colspan="2">票据张数</td><td colspan="2">1 张</td></tr>
<tr><td colspan="4">复核：　　　　记账：</td></tr>
</table>

此联持票人开户行给持票人的收账通知

## 业务 21：

17 日，上月已转入处置的平头锁眼机出售，并收到货款。该机器设备为 2009 年 12 月购入，其进项税额已于当年抵扣。（增值税普通发票、进账单）。

1401112144　　**湖北省增值税普通发票**　　No.30961891

此联不作报销　扣税凭证使用　　开票日期：2012 年 12 月 17 日

| | | | | | | | |
|---|---|---|---|---|---|---|---|
| 购货单位 | 名　　称：武汉宝丽物资回收中心<br>纳税人识别号：140121542445400<br>地 址 、电 话：武汉市万柏林区 117 号<br>开户行及账号：中国工商银行武汉万柏林支行 6222535335533329 | | | 密码区 | 9+6−2+−246>4>0+86/0＊41>41/3<br>6＊70<＊831<−++9476<3392/37>2<br>110<9+004＊/489227＊＊/32−41+<br>08/52>2++＊−3−<35＊827/+−7887 | | 加密版本：01<br>4200081651<br>30961891 |
| 货物或应税劳务名称 | 规格型号 | 单　位 | 数　量 | 单　价 | 金　额 | 税率 | 税　额 |
| 平头锁眼机 | PT345 | 台 | 1 | 28 000.00 | 28 000.00 | 17% | 4 760.00 |
| 合计 | | | | | 28 000.00 | | 4 760.00 |
| 价税合计（大写） | ⊕叁万贰仟柒佰陆拾元整 | | | | （小写）￥32 760.00 | | |
| 销货单位 | 名　　称：武汉好时尚制衣有限责任公司<br>纳税人识别号：140102244212428<br>地 址 、电 话：武汉市光谷大街 165 号 027－87436666<br>开户行及账号：中国工商银行武汉光谷支行 6222464612345678 | | | 备注 | [印章：武汉好时尚制衣有限责任公司 140102244212428 发票专用章] | | |

第一联：记账联　销货方记账凭证

收款人：　　复核：　　开票人：刘三　　销货单位：（章）

**中国工商银行　进账单**　（收账通知）

2012 年 12 月 17 日

| | | | | | |
|---|---|---|---|---|---|
| 付款人 | 全　称 | 武汉宝丽物资回收中心 | 收款人 | 全　称 | 武汉好时尚制衣有限责任公司 |
| | 账　号 | 6222535335533329 | | 账　号 | 6222464612345678 |
| | 开户银行 | 武汉万柏林支行 | | 开户银行 | 武汉光谷支行 |

| 人民币（大写） | 叁万贰仟柒佰陆拾元整 | 亿 | 千 | 百 | 十 | 万 | 千 | 百 | 十 | 元 | 角 | 分 |
|---|---|---|---|---|---|---|---|---|---|---|---|---|
| | | | | | ￥ | 3 | 2 | 7 | 6 | 0 | 0 | 0 |

| | | |
|---|---|---|
| 票据种类 | 转账支票 | [印章：中国工商银行武汉光谷支行 2012.12.17 转讫] |
| 票据张数 | 1 张 | |
| 复核：　　记账： | | 收款人开户行盖章 |

此联持票人开户行给持票人的收账通知

## 业务 22：

17 日，用现金支付上述锁眼机的拆卸费用。（报销单、发票）

### 报　销　单

填报日期：2012 年 12 月 17 日　　单据及附件共 1 张

| 姓名 | 张正 | 所属部门 | 生产车间 | 报销形式 | 现金 |
|---|---|---|---|---|---|
| | | | | 支票号码 | |
| 报销项目 | | 摘要 | 金额 | 备注： | |
| 固定资产清理 | | 支付锁眼机拆卸费用 | 450.00 | | |
| | | | | | |
| | | 现金付讫 | | | |
| | | | | | |
| 合计 | | | 450.00 | | |
| 金额大写：零拾零万零仟肆佰伍拾零元零角零分 | | | 原借款：0.00 元 | 应退(补)款：450.00 元 | |
| 总经理：张世杰　财务经理：刘莉莉　部门经理：李光辉　会计：张明　出纳：陈曦　报销人：张正 | | | | | |

### 湖北省地方税务局通用机打发票

发票联

（印章：全国统一发票监制章 湖北省地方税务局监制）

发票代码：123011213002
发票号码：32415782

机打代码：123011213002
机打号码：32415782　　行业分类：服务业
开票日期：2012 年 12 月 17 日

付款单位名称：武汉好时尚制衣有限责任公司　　付款单位识别号：

| 货物及劳务名称 | 规格 | 单位 | 单价 | 数量 | 金额 |
|---|---|---|---|---|---|
| 拆卸费用 | | | | | 450 |

合计人民币（大写）肆佰伍拾元整　　¥450.00

收款单位名称（盖章）：武汉伟胜机修有限公司　　收款单位开户银行及账号：中国交通银行光谷支行 6222764653546218

（印章：武汉伟胜机修有限公司 140102244612711 发票专用章）

收款单位识别号：140102244612711

开票人：林花　　备注：

第二联：发票联（购货单位付款凭证）（手开无效）

## 业务 23:

17 日,结转平头锁眼机清理损益。(处置决定)

| 固定资产报废处置决定 |
|---|
| 现有 2010 年 12 月 30 日投入使用的平头锁眼机一台,型号 PT345,因维修费用过高,予以处置,处置净损益按会计制度处理。 |
| 会计主管:刘莉莉<br>总经理:张世杰 |
| 武汉好时尚制衣有限责任公司财务部<br>2012 年 12 月 17 日 |
| (印章:武汉好时尚制衣有限责任公司 财务专用章) |

**业务 24:**

18 日,支付新产品研究阶段委托纺织研究所进行的新布料试制费。(支票存根、发票)

武汉会达证券印刷有限公司2012年印制

工商银行
转账支票存根

36823328
961543

附加信息

出票日期:2012年12月18日

收款人:
武汉纺织研究所

金额: ¥5 000.00

用途: 新布料试制费

单位主管　　会计

湖北省地方税务局通用机打发票

全国统一发票监制章
发票联
地方税务局监制

发票代码:211001111128
发票号码:00002288

机打代码:211001111128
机打号码:00002288　　行业分类:服务业
开票日期:2012 年 12 月 18 日

付款单位名称:武汉好时尚制衣有限责任公司　　付款单位识别号:

| 货物及劳务名称 | 规格 | 单位 | 单价 | 数量 | 金额 |
| --- | --- | --- | --- | --- | --- |
| 新布料试制费 | | | | | 5 000 |

合计人民币(大写):伍仟元整　　¥5 000.00

收款单位名称(盖章):武汉纺织研究所　　收款单位开户银行及账号:中国交通银行武汉光谷支行 6222554333534281

武汉纺织研究所 140102244211361 发票专用章

收款单位识别号:140102244211361

开票人:李军　　备注:

第二联:发票联(购货单位付款凭证)(手开无效)

## 业务 25：

18 日，支付职工培训费。（银行回单、发票）

### 中国工商银行电子汇划付款回单

2012 年 12 月 18 日

| | | | | | |
|---|---|---|---|---|---|
| 付款人 | 全称 | 武汉好时尚制衣有限责任公司 | 收款人 | 全称 | 武汉玖玖咨询服务有限公司 |
| | 账号或地址 | 6222464612345678 | | 账号或地址 | 6222939355436972 |
| | 开户银行 | 中国工商银行光谷支行 | | 开户银行 | 中国工商银行武汉和平支行 |
| 金额 | 人民币（大写） | 柒仟伍佰柒拾贰元柒角壹分 | | | ￥7 572.71 |
| 用途 | | 培训费 | | | |

备注：

汇划日期：2012.12.18　　汇划流水号：

汇出行行号：　　原凭证种类：

原凭证号码：　　原凭证金额：￥7 572.71

汇款人地址：　　收款人地址：

实际收款人账号：6222939355436972　　实际收款人名称：武汉玖玖咨询服务有限公司　　银行盖章

中国工商银行武汉光谷支行 2012.12.18 转讫

### 湖北省地方税务局通用机打发票

发票联

全国统一发票监制章 湖北省 国家税务局监制

发票代码：111001111112

发票号码：33002267

机打代码：111001111112

机打号码：33002267

行业分类：服务业

开票日期：2012 年 12 月 18 日

付款单位名称：武汉好时尚制衣有限责任公司　　付款单位识别号：

| 货物及劳务名称 | 规格 | 单位 | 单价 | 数量 | 金额 |
|---|---|---|---|---|---|
| 培训费 | | | | | 7 572.71 |

合计人民币（大写）：柒仟伍佰柒拾贰元柒角壹分　　￥7 572.71

收款单位名称（盖章）：武汉玖玖咨询服务有限公司　　收款单位开户银行及账号：中国工商银行武汉和平支行 6222939355436972

收款单位识别号：140102244772250

武汉玖玖咨询服务有限公司 140102244772250 发票专用章

开票人：成成　　备注：

第二联：发票联（购货单位付款凭证）（手开无效）

## 业务 26：

18 日，报销业务招待费。（报销单、发票）

### 报　销　单

填报日期：2012 年 12 月 18 日　　单据及附件共 2 张

| | | | | | |
|---|---|---|---|---|---|
| 姓名 | 张成 | 所属部门 | 行政部门 | 报销形式 | 现金 |
| | | | | 支票号码 | |
| 报销项目 | | | 摘要 | 金额 | 备注： |
| 餐费 | | | 招待客户 | 2 500.00 | |
| | | | | | |
| | | | 现金付讫 | | |
| | | | | | |
| 合　计 | | | | 2 500.00 | |
| 金额（大写）：零拾零万贰仟伍佰零拾零元零角零分 | | | | 原借款：0.00 元 | 应退（补）款：2 500.00 元 |
| 总经理：张世杰　财务经理：刘莉莉　部门经理：刘佳常　会计：张明　出纳：陈曦　报销人：张成 | | | | | |

### 湖北省地方税务局通用机打发票

（印章：全国统一发票监制章　湖北省　国家税务局监制）

发票联

机打代码：121001121122　　发票代码：121001121122

机打号码：33002287　　发票号码：33002287

开票日期：2012 年 12 月 18 日　　行业分类：服务业

| | | | | | |
|---|---|---|---|---|---|
| 付款单位名称：武汉好时尚制衣有限责任公司 | | | 付款单位识别号： | | |
| 货物及劳务名称 | 规格 | 单位 | 单价 | 数量 | 金额 |
| 餐费 | | | | | 2 500 |
| 合计人民币（大写）：贰仟伍佰元整 | | | ￥2 500.00 | | |
| 收款单位名称（盖章）：武汉凯达酒店有限公司 | | | 收款单位开户银行及账号：中国工商银行武汉光谷支行 6222939355888888 | | |
| 收款单位识别号：140102244741110 | | | | | |
| 开票人：李妮 | | 备注： | | | |

（印章：武汉凯达酒店有限公司　140102244741110　发票专用章）

第二联：发票联（购货单位付款凭证）（手开无效）

## 业务 27：

19 日，收到职工周洁归还借款。（收据）

**收款收据**

2012 年 12 月 19 日

今收到职工周洁

交来：归还借款　现金付讫

金额（大写）：零拾零万陆仟零佰零拾零元零角零分

￥6 000.00　[√]现金　[　]支票　[　]信用卡　[　]其他　收款单位（盖章）

武汉好时尚制衣有限责任公司 财务专用章

核准　会计　记账　出纳：陈曦　经手人

## 业务 28：

19 日，收取本年专利权使用费，该专利权系 2012 年 1 月 1 日对外出租。（发票、收账通知、租赁合同）

**湖北省地方税务局通用机打发票**

**记　账　联**

发票代码：210011211220

机打代码：210011211220　　发票号码：35002258

机打号码：35002258　　行业分类：制造业

开票日期：2012 年 12 月 19 日

| | | | | | |
|---|---|---|---|---|---|
| 付款单位名称：武汉文慧服装有限公司 | | | 付款单位识别号： | | |
| 货物及劳务名称 | 规格 | 单位 | 单价 | 数量 | 金额 |
| 专利权租金 | | | | | 88 000.00 |
| 合计人民币（大写）：捌万捌仟元整 | | | | ￥88 000.00 | |
| 收款单位名称（盖章）：武汉好时尚制衣有限责任公司 | | | 收款单位开户银行及账号：中国工商银行武汉光谷支行 6222464612345678 | | |
| 收款单位识别号：140102244212428 | | | | | |
| 开票人：商杰 | | | 备注： | | |

（印章：武汉好时尚制衣有限责任公司 140102244212428 发票专用章）

第二联：发票联（购货单位付款凭证）（手开无效）

**中国工商银行　进账单**（收账通知）

2012 年 12 月 19 日　　第 123 号

| | | | | | |
|---|---|---|---|---|---|
| 出票人 | 全　称 | 武汉文慧服装有限公司 | 收款人 | 全　称 | 武汉好时尚制衣有限责任公司 |
| | 账　号 | 6222545544453617 | | 账　号 | 6222464612345678 |
| | 开户银行 | 中国工商银行武汉光谷支行 | | 开户银行 | 中国工商银行武汉光谷支行 |
| 金额 | 人民币（大写） | 捌万捌仟元整 | 亿 千 百 十 万 千 百 十 元 角 分 | | ￥ 8 8 0 0 0 0 0 |
| 票据种类 | | 转账支票 114 | （印章：中国工商银行武汉光谷支行 2012.12.19 转讫） | | |
| 票据张数 | | 1 张 | | | |
| 复核：　记账： | | | 收款人开户行盖章 | | |

此联是收款人开户银行交给收款人的收账通知

## 专利权出租合同

出租人:武汉好时尚制衣有限责任公司(以下简称甲方)
承租人:武汉文慧服装有限公司(以下简称乙方)

甲方决定将一项专利权出租给乙方使用,经甲乙双方协商签订合同如下:

**一、专利状况**

本合同项目下的专利权为实用新型——手工无缝痕迹制衣方法。

**二、租赁期限**

上款所列专利权的租赁期限为 1 年,自 2012 年 1 月 1 日起至 2012 年 12 月 31 日止。以上租赁期或租赁延长期届满时,双方如有意修改或续订合同,至少应当在期限满前 90 日提出协商,并在期满前 60 日签订新的租赁合同。双方如在本合同租赁期或租赁延长期满前 60 日内未就争议达成一致或签订新的租赁合同的,本合同到期即行终止。

**三、租金及支付方式**

乙方于 2012 年 12 月 31 日前一次性支付甲方年租金捌万捌仟元整。

……

**十一、合同争议的解决方式**

本合同在履行过程中发生的争议,由甲乙双方协商解决;协商不成的,依法向人民法院提起诉讼。

**十二、本合同未尽事宜双方另行协商解决**

本合同经双方签字盖章后生效,一式四份,甲乙双方各执两份。

出租人:武汉好时尚制衣有限责任公司　　承租人:武汉文慧服装有限公司

武汉好时尚制衣有限责任公司　杰张印世　　武汉文慧服装有限公司　杰高印云

代表(签字):张世杰　　代表(签字):高云杰

日期:2012 年 12 月 19 日　　日期:2012 年 12 月 19 日

## 业务 29：

20 日，支付本月水费。（增值税专用发票、支款通知）

### 湖北省增值税专用发票

4200081681　　发票联　　No.52956264

开票日期：2012 年 12 月 20 日

| | | | |
|---|---|---|---|
| 购货单位 | 名　　称：武汉好时尚制衣有限责任公司<br>纳税人识别号：140102244212428<br>地 址 、电 话：武汉市光谷大街 165 号 027－87436666<br>开户行及账号：中国工商银行武汉光谷支行 6222464612345678 | 密码区 | 9+6−2+−246>4>0+86/0*41>41/3<br>6*70<*831<−++9476<3392/37>2<br>110<9+004*/489227**/32−41+<br>08/52>2++*−3−<35*827/+−7887<br>加密版本：01<br>4200081651<br>52956264 |

| 货物或应税劳务名称 | 规格型号 | 单位 | 数量 | 单价 | 金额 | 税率 | 税额 |
|---|---|---|---|---|---|---|---|
| 工业用水 | | 吨 | 500 | 4.50 | 3 600.00 | 13% | 468.00 |
| 合计 | | | | | 3 600.00 | | 468.00 |
| 价税合计（大写） | ⊕肆仟零陆拾捌元整 | | | | （小写）¥4 068.00 | | |

| | | | |
|---|---|---|---|
| 销货单位 | 名　　称：武汉市自来水公司<br>纳税人识别号：140121544280870<br>地 址 、电 话：武汉市和平路 23 号<br>开户行及账号：中国工商银行武汉光谷支行 6222464654542318 | 备注 | 湖北省武汉市自来水公司<br>140121544280870<br>发票专用章 |

收款人：　　复核：　　开票人：王静　　销货单位：（章）

第二联：抵扣联　购货方抵扣凭证

### 同城特约委托收款凭证（支款通知）

委托日期：2012 年 12 月 20 日　　流水号：242178923

| | | | | | |
|---|---|---|---|---|---|
| 付款人 | 全称 | 武汉好时尚制衣有限责任公司 | 收款人 | 全称 | 武汉市自来水公司 |
| | 账号或地址 | 6222464612345678 | | 账号或地址 | 6222464654542318 |
| | 开户银行 | 中国工商银行武汉光谷支行 | | 开户银行 | 中国工商银行武汉光谷支行 |
| 委托金额 | 人民币（大写） | 肆仟零陆拾捌元整 | | | ¥4 068.00 |
| 款项内容 | 合同号 | | | 附寄单据张数 | 1 |
| 水费 | | 注意事项：<br>1. 上列款项为见票全额付款<br>2. 上列款项若有误，请与收款单位协商解决 | | | |
| | | | | | |
| | | | | | |
| 备注 | | | | | |

中国工商银行武汉光谷支行　2012.12.20　转讫

会计　　复核　　记账　　支付日期：2012 年 12 月 20 日

此联交付款人作支款通知

## 业务 30:

20 日,支付本月电费。(增值税专用发票、支款通知)

**湖北省增值税专用发票**

4200081651 **No.52956214**

（印章：全国统一发票监制章 湖北省 国家税务局监制；发票联）

开票日期:2012 年 12 月 20 日

| | | | | | | | |
|---|---|---|---|---|---|---|---|
| 购货单位 | 名 称:武汉好时尚制衣有限责任公司<br>纳税人识别号:140102244212428<br>地 址 、电 话:武汉市光谷大街 165 号 027－87436666<br>开户行及账号:中国工商银行武汉光谷支行 6222464612345678 | | 密码区 | 3+6−2+−246>4>0+86/0＊41>41/3<br>6＊70<＊831<−++9476<3392/37>2<br>110<9+004＊/489227＊＊/32−41+<br>08/52>2++＊−3−<35＊827/+−7887 | | 加密版本:01<br>4200081651<br>52956214 | |
| 货物或应税劳务名称 | 规格型号 | 单 位 | 数 量 | 单 价 | 金 额 | 税率 | 税 额 |
| 电 | | 千瓦时 | 8 500 | 0.80 | 6 800.00 | 17% | 1 156.00 |
| 合计 | | | | | 6 800.00 | | 1 156.00 |
| 价税合计(大写) | ⊕柒仟玖佰伍拾陆元整 | | | | (小写)¥7 956.00 | | |
| 销货单位 | 名 称:湖北省武汉市供电分公司<br>纳税人识别号:140121544256380<br>地 址 、电 话:武汉市江南路 152 号<br>开户行及账号:中国工商银行武汉江南支行 6222464654569631 | | 备注 | （印章：湖北省武汉市供电分公司 140121544256380 发票专用章） | | | |

收款人: 复核: 开票人:李倩 销货单位:(章)

第二联:抵扣联购货方抵扣凭证

**同城特约委托收款凭证(支款通知)**

委托日期:2012 年 12 月 20 日 流水号:242178923

| | | | | | |
|---|---|---|---|---|---|
| 付款人 | 全称 | 武汉好时尚制衣有限责任公司 | 收款人 | 全称 | 湖北省武汉市供电分公司 |
| | 账号或地址 | 6222464612345678 | | 账号或地址 | 6222464654569631 |
| | 开户银行 | 中国工商银行武汉光谷支行 | | 开户银行 | 中国工商银行武汉江南支行 |
| 委托金额 | 人民币(大写) | 柒仟玖佰伍拾陆元整 | | | ¥7 956.00 |
| 款项内容 | | 合同号 | | 附寄单证张数 | 1 |
| 电费 | | 注意事项:<br>1. 上列款项为见票全额付款<br>2. 上列款项若有误,请与收款单位协商解决 | | | |
| 备注 | | | | | |

（印章：中国工商银行武汉光谷支行 2012.12.20 转讫）

会计 复核 记账 支付日期:2012 年 12 月 20 日

此联交付款人作支款通知

## 业务 31：

21 日，提取现金 8 000 元(无支付密码)。

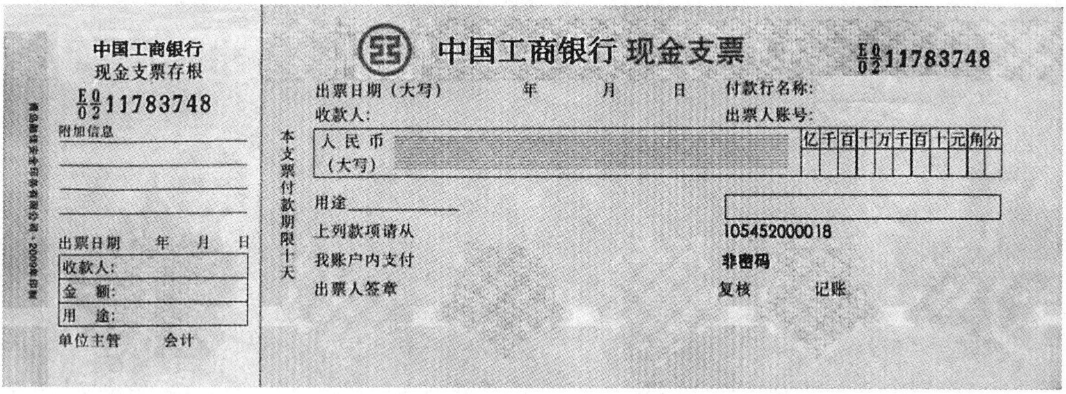

中国工商银行
现金支票存根
E0
02 11783748
附加信息

出票日期　年　月　日
收款人：
金　额：
用　途：
单位主管　会计

中国工商银行 现金支票
E0
02 11783748
出票日期（大写）　年　月　日　付款行名称：
收款人：　出票人账号：
本支票付款期限十天

| 人民币（大写） | 亿 | 千 | 百 | 十 | 万 | 千 | 百 | 十 | 元 | 角 | 分 |
|---|---|---|---|---|---|---|---|---|---|---|---|
| | | | | | | | | | | | |

用途
上列款项请从
我账户内支付
出票人签章
105452000018
非密码
复核　记账

## 业务 32:

21 日，支付专项借款本月利息，该借款购建的资产尚未开工。（支款通知）

### 交通银行计收利息清单(支款通知)

2012 年 12 月 21 日

<table>
<tr><td>户名</td><td colspan="3">武汉好时尚制衣有限责任公司</td><td colspan="4">账号</td><td colspan="4">6222464612345678</td></tr>
<tr><td>计息起止时间</td><td colspan="10">2012 年 11 月 21 日至 2012 年 12 月 20 日</td><td rowspan="6">左列贷款利息已从你单位账户扣付，逾期按日加收罚息 0.21‰。<br>工行光谷支行公章<br>转账日期<br>2012 年 12 月 21 日<br>中国交通银行武汉光谷支行<br>2012.12.21<br>转讫</td></tr>
<tr><td rowspan="4">贷款种类</td><td>贷款账号</td><td></td><td>计息日贷款余额</td><td colspan="2">计息积数</td><td colspan="2">年利率</td><td colspan="3">计收利息金额</td></tr>
<tr><td>专项借款</td><td></td><td>3 000 000.00</td><td colspan="2">90 000 000.00</td><td colspan="2">7.44%</td><td colspan="3">18 600.00</td></tr>
<tr><td></td><td></td><td></td><td colspan="2"></td><td colspan="2"></td><td colspan="3"></td></tr>
<tr><td></td><td></td><td></td><td colspan="2"></td><td colspan="2"></td><td colspan="3"></td></tr>
<tr><td colspan="4" rowspan="3">利息金额<br>人民币(大写):壹万捌仟陆佰元整</td><td>十</td><td>万</td><td>千</td><td>百</td><td>十</td><td>元</td><td>角</td><td>分</td></tr>
<tr><td>¥</td><td>1</td><td>8</td><td>6</td><td>0</td><td>0</td><td>0</td><td>0</td></tr>
<tr><td></td><td></td><td></td><td></td><td></td><td></td><td></td><td></td></tr>
</table>

复核： 记账：

## 业务 33：

25 日，在建工程迎宾楼交付使用，该楼房已签订出租协议，从 2013 年 1 月起对外出租。（工程竣工结算单、工程竣工验收单、房屋租赁合同）

### 工程竣工结算单

2012 年 12 月 22 日

| | | | |
|---|---|---|---|
| 工程名称 | 武汉好时尚制衣有限责任公司迎宾楼 | 施工单位 | 武汉第一建筑公司 |
| 合同编号 | 11063 | 合同价款 | 7 256 100 元 |
| 质量评定：合格 | | | |
| 工程追加款：　0　元　　扣罚款：0 | | | |
| | | | |
| 甲方 | | 乙方 | |
| 武汉好时尚制衣有限责任公司 | | 武汉第一建筑公司 | |

### 工程竣工验收单

验收时间：2012 年 12 月 21 日

| | | | |
|---|---|---|---|
| 工程名称：武汉好时尚制衣有限责任公司 | | | |
| 工程地点：武汉市光谷和平北路 | | | |
| 竣工验收意见 | 甲方 | 武汉好时尚制衣有限责任公司 | 签字（盖章）： |
| | 监理单位 | 武汉伟龙工程监理有限公司 | 签字（盖章）： |
| | 乙方 | 武汉第一建筑公司 | 签字（盖章）： |

备注：竣工验收中，尚有不影响整体工程质量问题，经双方协商一致可以入住，但必须签订竣工后遗留问题协议作为入住后解决遗留问题的依据。

## 房屋租赁合同

出租人:武汉好时尚制衣有限责任公司(以下简称甲方)
承租人:武汉大兴实业有限责任公司(以下简称乙方)

甲方决定将武汉市光谷和平北路一幢楼房出租给乙方使用,经甲乙双方协商签订合同如下:

**一、租赁物**

本合同项目下的租赁物为新建楼房,该项资产的账面价值与公允价值一致,均为人民币7 256 100.00元。

**二、租赁期限**

上款所列固定资产的租赁期限为1年,自2013年1月1日起至2013年12月31日止。以上租赁期或租赁延长期届满时,双方如有意修改或续订合同,至少应当在期限满前90日提出协商,并在期满前60日签订新的租赁合同。双方如在本合同租赁期或租赁延长期满前60日内未就争议达成一致或签订新的租赁合同的,本合同到期即行终止。

**三、租金及支付方式**

乙方于每月支付甲方月租金伍仟元整。

乙方月租金的支付期限为每月3日以前,支付方式为银行转账。

……

**十一、合同争议的解决方式**

本合同在履行过程中发生的争议,由甲乙双方协商解决;协商不成的,依法向人民法院提起诉讼。

**十二、本合同未尽事宜双方另行协商解决**

本合同经双方签字盖章后生效,一式四份,甲乙双方各执两份。

出租人:武汉好时尚制衣有限责任公司　　　　承租人:武汉大兴实业有限责任公司

（印章：武汉好时尚制衣有限责任公司）（印章：张世印）　　（印章：武汉大兴实业有限责任公司）（印章：王明发印）

代表(签字):张世东　　　　代表(签字):王明发

日期:2012年12月22日　　　　日期:2012年12月22日

## 业务34：

26日，签订包含现金折扣条款的销售合同，采用发货制向武汉劳保用品公司销售商品并垫付运费。已办妥托收手续。（增值税专用发票、销售单2张、支票存根、托收凭证、销售合同）

### 湖北省增值税专用发票

1401111141　　此联不作报销、扣税凭证使用　　No.30972703

开票日期：2012年12月26日

| | | | | | | | |
|---|---|---|---|---|---|---|---|
| 购货单位 | 名称：武汉劳保用品公司<br>纳税人识别号：110021554426339<br>地址、电话：武汉市新城区光华路51号 02782152180<br>开户行及账号：中国工商银行武汉新城支行 6222464359546065 | | | 密码区 | 9+6−2+−246>4>0+86/0*41>41/3<br>6*70<*831<−++9476<3392/37>2<br>110<9+004*/489227**/32−41+<br>08/52>2++*−3−<35*827/+−7887 | | 加密版本：01<br>4200081651<br>309727703 |
| 货物或应税劳务名称 | 规格型号 | 单位 | 数量 | 单价 | 金额 | 税率 | 税额 |
| 男夏装 | | 套 | 1 000 | 340.00 | 340 000.00 | 17% | 57 800.00 |
| 女夏装 | | 套 | 800 | 320.00 | 256 000.00 | 17% | 43 520.00 |
| 男冬装 | | 套 | 700 | 380.00 | 266 000.00 | 17% | 45 220.00 |
| 女冬装 | | 套 | 900 | 360.00 | 324 000.00 | 17% | 55 080.00 |
| 合计 | | | | | 1 186 000.00 | | 201 620.00 |
| 价税合计（大写） | ⊕壹佰叁拾捌万柒仟陆佰贰拾元整 | | | | | （小写）¥1 387 620.00 | |
| 销货单位 | 名称：武汉好时尚制衣有限责任公司<br>纳税人识别号：140102244212428<br>地址、电话：武汉市光谷大街165号 027－87436666<br>开户行及账号：中国工商银行武汉光谷支行 6222464612345678 | | | 备注 | | | |

第一联：记账联　销货方记账凭证

（印章：武汉好时尚制衣有限责任公司 140102244212428 发票专用章）

收款人：　　复核：　　开票人：刘三　　销货单位：（章）

### 销售单

购货单位：武汉劳保用品公司　　地址和电话：武汉市新城区光华路51号 02782152180　　单据编号：003

纳税识别号：110021554426339　　开户行及账号：中国工商银行武汉新城支行 6222464359546065　　制单日期：2012－12－26

| 编码 | 产品名称 | 规格 | 单位 | 单价 | 数量 | 金额 | 备注 |
|---|---|---|---|---|---|---|---|
| 1 | 男夏装 | | 套 | 340.00 | 1 000 | 340 000.00 | 不含税价 |
| 2 | 女夏装 | | 套 | 320.00 | 800 | 256 000.00 | |
| | | | | | | | |
| 合计 | 人民币（大写）伍拾玖万陆仟元整 | | | | | 596 000.00 | |

合计数

总经理：张世杰　　销售经理：张春丽　　经手人：刘飞　　会计：　　签收人：王芳

### 销售单

购货单位：武汉劳保用品公司　　地址和电话：武汉市新城区光华路51号 02782152180　　单据编号：004

纳税识别号：110021554426339　　开户行及账号：中国工商银行武汉新城支行 6222464359546065　　制单日期：2012－12－26

| 编码 | 产品名称 | 规格 | 单位 | 单价 | 数量 | 金额 | 备注 |
|---|---|---|---|---|---|---|---|
| 3 | 男冬装 | | 套 | 380.00 | 700 | 266 000.00 | 不含税价 |
| 4 | 女冬装 | | 套 | 360.00 | 900 | 324 000.00 | |
| | | | | | | | |
| 合计 | 人民币（大写）伍拾玖万元整 | | | | | 590 000.00 | |

合计数

总经理：张世杰　　销售经理：张春丽　　经手人：刘飞　　会计：　　签收人：王芳

工商银行
转账支票存根

36823328
961544

附加信息

出票日期：2012年12月26日

| |
|---|
| 收款人：<br>武汉速达物流 |
| 金额：￥5 200.00 |
| 用途：运输费用 |

单位主管　　会计

武汉会达证券印刷有限公司2012年印刷

中国工商银行　**托收凭证**　（收账通知）

委托日期：2012 年 12 月 26 日

| | | | | | |
|---|---|---|---|---|---|
| 付款人 | 全　称 | 武汉劳保用品有限公司 | 收款人 | 全　称 | 武汉好时尚制衣有限责任公司 |
| | 账　号 | 6222464359546065 | | 账　号 | 6222464612345678 |
| | 开户银行 | 武汉新城支行 | | 开户银行 | 武汉光谷支行 |

| 人民币（大写） | 亿 | 千 | 百 | 十 | 万 | 千 | 百 | 十 | 元 | 角 | 分 |
|---|---|---|---|---|---|---|---|---|---|---|---|
| 壹佰叁拾玖万贰仟捌佰贰拾元整 | | ￥ | 1 | 3 | 9 | 2 | 8 | 2 | 0 | 0 | 0 |

| | |
|---|---|
| 票据种类 | 发票、运单 |
| 票据张数 | 5 张 |

中国工商银行武汉光谷支行
2012.12.26
转讫

复核：　　记账：　　收款人开户行盖章

此联作收款人开户银行给收款人的受理回单

## 销售合同

买方：武汉劳保用品公司（以下简称甲方）
卖方：武汉好时尚制衣有限责任公司（以下简称乙方）

甲乙双方依照《中华人民共和国合同法》及有关法律、行政法规，遵循平等、自愿、公平和诚信原则，双方就工装采购有关事项协商一致，订立本合同如下：

**一、产品内容**

| 产品名称 | 数量 | 不含税单价 | 总额 | 其他要求 |
|---|---|---|---|---|
| 男夏装 | 1 000 | 340 | 340 000 | |
| 女夏装 | 800 | 320 | 256 000 | |
| 男冬装 | 700 | 380 | 266 000 | |
| 女冬装 | 900 | 360 | 324 000 | |
| 合计 | | | ¥1 186 000 | |

**二、结算方式**

(1)乙方向甲方发出商品后，采用委托收款方式向甲方收取货款。

(2)双方约定的现金折扣条件为：2/10，1/20，n/30，现金折扣只针对货款，不包括增值税税额。

**三、运输**

乙方负责交货前货物的运输，运费先由乙方代垫。

……

**六、合同争议的解决方式**

本合同在履行过程中发生的争议，由甲乙双方协商解决；协商不成的，依法向人民法院提起诉讼。

**七、合同生效**

本合同经对方签字盖章后生效，一式四份，甲乙双方各执两份。

甲方：武汉劳保用品公司　　　　乙方：武汉好时尚制衣有限责任公司

（印章：武汉劳保用品公司）（印章：刘伟强印）　　（印章：武汉好时尚制衣有限责任公司）（印章：张世杰印）

代表（签字）：刘伟强　　　　代表（签字）：张世杰

日期：2012 年 12 月 26 日　　　　日期：2012 年 12 月 26 日

## 业务 35：

28 日，支付职工餐费补助。（支票存根、发票）

武汉会达证券印刷有限公司2012年印刷

工商银行
转账支票存根

36823328
961545

附加信息

出票日期：2012年12月28日

| | |
|---|---|
| 收款人：武汉大丰收餐饮 | |
| 金额：￥22 200.00 | |
| 用途：职工餐费补助 | |

单位主管　　会计

**湖北省地方税务局通用机打发票**

全国统一发票监制章 湖北省 地方税务局监制

发票联

发票代码：211039116964
发票号码：20872201

机打代码：211039116964
机打号码：20872201
开票日期：2012 年 12 月 28 日

行业分类：服务业

付款单位名称：武汉好时尚制衣有限责任公司　　付款单位识别号：

| 货物及劳务名称 | 规格 | 单位 | 单价 | 数量 | 金额 |
|---|---|---|---|---|---|
| 餐费 | | | | | 22 200.00 |

合计人民币(大写)：贰万贰仟贰佰元整　　￥22 200.00

收款单位名称(盖章)：武汉大丰收餐饮有限公司　　收款单位开户银行及账号：中国工商银行武汉光谷支行 6222554333534021

收款单位识别号：140102987791074

（印章：武汉大丰收餐饮有限公司 140102987791074 发票专用章）

开票人：王杰　　备注：

第二联：发票联(购货单位付款凭证)(手开无效)

## 业务 36：

28 日，取得上月入库天然纯色厚布发票，并支付款项。（增值税专用发票、转账凭证）

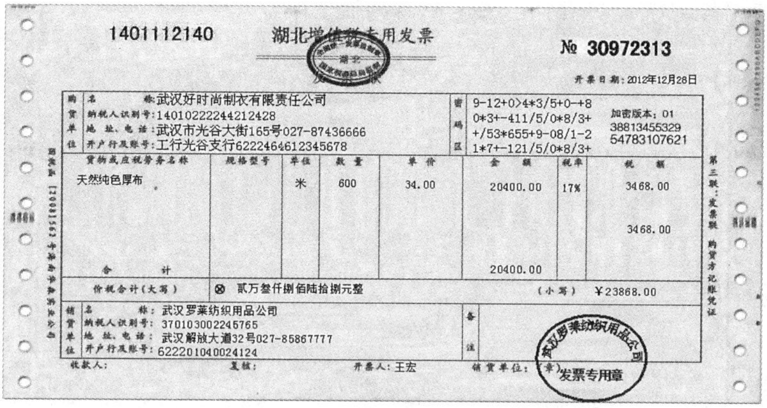

1401111214　湖北…专用发票　№ 30972313

开票日期：2012年12月28日

| | | | | | | | |
|---|---|---|---|---|---|---|---|
| 购货单位 | 名称：武汉好时尚制衣有限责任公司<br>纳税人识别号：14010222244212428<br>地址、电话：武汉市光谷大街165号027-87436666<br>开户行及账号：工行光谷支行6222464612345678 | | | | 密码区 | 9-12+0>4*3/5+0-+8<br>0*3+-411/5/0*8/3+<br>+/53*655+9-08/1-2<br>1*7+-121/5/0*8/3+ | 加密版本：01<br>38813455329<br>54783107621 |
| 货物或应税劳务名称 | 规格型号 | 单位 | 数量 | 单价 | 金额 | 税率 | 税额 |
| 天然纯色厚布 | | 米 | 600 | 34.00 | 20400.00 | 17% | 3468.00 |
| 合计 | | | | | 20400.00 | | 3468.00 |
| 价税合计（大写） | ⊗ 贰万叁仟捌佰陆拾捌元整 | | | | （小写）¥23868.00 | | |
| 销货单位 | 名称：武汉罗莱纺织用品公司<br>纳税人识别号：370103002245765<br>地址、电话：武汉解放大道32号027-85867777<br>开户行及账号：622201040024124 | | | | 备注 | 武汉罗莱纺织用品公司 发票专用章 | |

收款人：　复核：　开票人：王宏　销货单位：（章）

第三联：发票联　购货方记账凭证

### 中国工商银行　电子转账凭证

币种：人民币　委托日期：2012 年 12 月 28 日　凭证编号：58684418

| | | | | | | | | | | | | | | |
|---|---|---|---|---|---|---|---|---|---|---|---|---|---|---|
| 付款人 | 全称 | 武汉好时尚制衣有限责任公司 | 收款人 | 全称 | 武汉罗莱纺织用品公司 | | | | | | | | | |
| | 账号 | 6222464612345678 | | 账号 | 622201040024124 | | | | | | | | | |
| | 汇出地点 | 湖北省武汉市 | | 汇入地点 | 湖北省武汉市 | | | | | | | | | |
| 汇出行名称 | 工行光谷支行 | | 汇入行名称 | 工行东湖高新支行 | | | | | | | | | | |
| 金额 | 人民币（大写） | 贰万叁仟捌佰陆拾捌元整 | | 亿 | 千 | 百 | 十 | 万 | 千 | 百 | 十 | 元 | 角 | 分 |
| | | | | | | | ¥ | 2 | 3 | 8 | 6 | 8 | 0 | 0 |
| 附加信息及用途：<br>货款 | 中国工商银行<br>武汉光谷支行<br>2012.12.28<br>转讫<br>（01） | | 支付密码 | | | | | | | | | | | |
| | | | 根据中国工商银行武汉好时尚制衣有限责任公司客户 09418 号电子指令，上述款项已由本行支付<br>客户经办人：1234　复核　记账 | | | | | | | | | | | |

银行盖章

第一联　客户回单

## 业务 37：

29 日，销售给东君盛实业公司女夏装一批，上月已预收部分款项。（增值税专用发票、转账凭证、出库通知单）

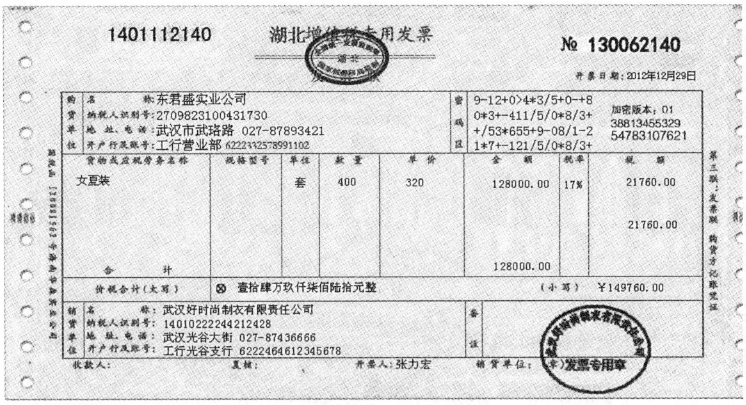

1401112140　湖北增值税专用发票　№ 130062140

开票日期：2012年12月29日

| | | | | | | | |
|---|---|---|---|---|---|---|---|
| 购货单位 | 名称：东君盛实业公司<br>纳税人识别号：270982310043173О<br>地址、电话：武汉市武珞路 027-87893421<br>开户行及账号：工行营业部 622332578991102 | | | 密码区 | 9-12+0>4*3/5+0-+8<br>0*3+-411/5/0*8/3+<br>+/53*655+9-08/1-2<br>1*7+-121/5/0*8/3+ | 加密版本：01<br>38813455329<br>54783107621 | |
| 货物或应税劳务名称 | 规格型号 | 单位 | 数量 | 单价 | 金额 | 税率 | 税额 |
| 女夏装 | | 套 | 400 | 320 | 128000.00 | 17% | 21760.00 |
| 合计 | | | | | 128000.00 | | 21760.00 |
| 价税合计（大写） | ⊗ 壹拾肆万玖仟柒佰陆拾元整 | | | | （小写） ¥149760.00 | | |
| 销货单位 | 名称：武汉好时尚制衣有限责任公司<br>纳税人识别号：14010222244212428<br>地址、电话：武汉光谷大街 027-87436666<br>开户行及账号：工行光谷支行 6222464612345678 | | | 备注 | | | |

收款人：　复核：　开票人：张力宏　销货单位：（章）发票专用章

第三联：发票联　购货方记账凭证

### 中国工商银行　电子转账凭证

币种：人民币　　委托日期：2012 年 12 月 29 日　　凭证编号：68782119

| | | | | | | | | | | | | | | |
|---|---|---|---|---|---|---|---|---|---|---|---|---|---|---|
| 付款人 | 全称 | 东君盛实业公司 | 收款人 | 全称 | 武汉好时尚制衣有限责任公司 | | | | | | | | | |
| | 账号 | 622332578991102 | | 账号 | 6222464612345678 | | | | | | | | | |
| | 汇出地点 | 湖北省武汉市 | | 汇入地点 | 湖北省武汉市 | | | | | | | | | |
| 汇出行名称 | | 工行胜利支行 | 汇入行名称 | | 工行光谷支行 | | | | | | | | | |
| 金额 | 人民币（大写） | 贰万玖仟柒佰陆拾元整 | 亿 | 千 | 百 | 十 | 万 | 千 | 百 | 十 | 元 | 角 | 分 | |
| | | | | | | ¥ | 2 | 9 | 7 | 6 | 0 | 0 | 0 | |
| 附加信息及用途：<br>货款 | | 中国工商银行<br>武汉胜利支行<br>2012.12.29<br>转讫<br>（01）<br>银行盖章 | 支付密码 | | | | | | | | | | | |
| | | | 根据中国工商银行东君盛实业公司客户 09119 号电子指令，上述款项已由本行支付<br>客户经办人：4567　复核　记账 | | | | | | | | | | | |

第一联　客户回单

### 出库通知单

2012 年 12 月 29 日　　第 8 号

| 编号 | 名称 | 规格 | 单位 | 应发 | 实发 | 单价 | 总价 | 附注 |
|---|---|---|---|---|---|---|---|---|
| | 女夏装 | | 套 | 400 | 400 | 320 | ¥128 000.00 | 不含税 |
| | | | | | | | | |
| | | | | | | | | |
| | | | | | | | | |
| | 合计 | | | | | | ¥128 000.00 | 不含税 |

会计：　仓库主管：　保管：　经手：　制单：

附单据　张

## 业务 38：

31 日，摊销本年专利权和土地使用权。（无形资产摊销表）

**无形资产摊销表**

2012 年 12 月 31 日　　　　金额单位：元

| 无形资产 | 原值 | 摊销年限 | 年摊销额 |
| --- | --- | --- | --- |
| 专利权（已出租） | 560 000 | 5 | 112 000 |
| 土地使用权 | 6 000 000 | 30 | 200 000 |
| 合计 | | | 312 000 |

审核：刘莉莉　　　　制单：张明

## 业务 39：

31 日，收到武汉劳保用品销售公司所付货款及代垫运费款。（现金折扣计算表、收账通知）

### 现金折扣计算表

2012 年 12 月 31 日　　　　金额单位：元

| 品名 | 金额 | 税额 | 合计 |
|---|---|---|---|
| 男夏装 | 340 000.00 | 57 800.00 | 397 800.00 |
| 女夏装 | 256 000.00 | 43 520.00 | 299 520.00 |
| 男冬装 | 266 000.00 | 45 220.00 | 311 220.00 |
| 女冬装 | 324 000.00 | 55 080.00 | 379 080.00 |
| 合计 | 1 186 000.00 | 201 620.00 | 1 387 620.00 |
| 运费 | | | 5 200.00 |
| 应收总额 | | | 1 392 820.00 |
| 现金折扣 | 2/10 | | |
| 财务费用 | 23 720.00 | | |
| 折后金额 | 1 162 280.00 | 201 620.00 | 1 363 900.00 |
| 代垫运费 | | | 5 200.00 |
| 收款额 | | | 1 369 100.00 |

审核：刘莉莉　　　　制单：张明

### 中国工商银行进 账 单 （收账通知）

2012 年 12 月 31 日　　　　第 123 号

<table>
<tr><td rowspan="3">收款人</td><td>全　称</td><td>武汉好时尚制衣有限责任公司</td><td rowspan="3">付款人</td><td>全　称</td><td colspan="9">武汉劳保用品公司</td></tr>
<tr><td>账　号</td><td>6222464612345678</td><td>账　号</td><td colspan="9">6222464359546065</td></tr>
<tr><td>开户银行</td><td>工行光谷支行</td><td>开户银行</td><td colspan="9">中国工商银行武汉新城支行</td></tr>
<tr><td rowspan="2">人民币<br>（大写）</td><td colspan="3" rowspan="2">壹佰叁拾陆万玖仟壹佰元整</td><td>千</td><td>百</td><td>十</td><td>万</td><td>千</td><td>百</td><td>十</td><td>元</td><td>角</td><td>分</td></tr>
<tr><td>¥</td><td>1</td><td>3</td><td>6</td><td>9</td><td>1</td><td>0</td><td>0</td><td>0</td><td>0</td></tr>
<tr><td>票据种类</td><td>转账支票 112</td><td colspan="12" rowspan="2">工行光谷支行<br>2012.12.31<br>转讫<br>收款人开户行盖章</td></tr>
<tr><td>票据张数</td><td>1 张</td></tr>
<tr><td colspan="2">单位主管：　会计：<br>复　核：　记账：</td><td colspan="12"></td></tr>
</table>

此联是持票人开户行给持票人的收账通知

## 业务 40：

31 日，支付生产车间办公用品购置费。（报销单、发票）

### 报 销 单

填报日期：2012 年 12 月 31 日　　　　单据及附件共 2 张

| 姓名 | 李华 | 所属部门 | 生产车间 | 报销形式 | 现金 |
|---|---|---|---|---|---|
| | | | | 支票号码 | |
| 报销项目 | | 摘要 | | 金额 | 备注： |
| 办公用品 | | 购置办公品 | | 430.00 | |
| | | | | | |
| | | | | | |
| | | | | | |
| 合计 | | | | 430.00 | |
| 金额大写：肆佰叁拾元整 | | | | 原借款：0.00 元 | 应退(补)款：430.00 元 |
| 总经理：张世杰　账务经理：刘莉莉　部门经理：张成　会计：张明　出纳：陈曦　报销人：李华 | | | | | |

现金付讫

### 湖北省商品销售统一发票

发票联　　　　G：1150106782

№35462783

客户名称及地址：武汉好时尚制衣有限责任公司　　　　2012 年 12 月 31 日

| 品名 | 规格 | 单位 | 数量 | 单位 | 金额 | | | | | | | | 备注 |
|---|---|---|---|---|---|---|---|---|---|---|---|---|---|
| | | | | | 十 | 万 | 千 | 百 | 十 | 元 | 角 | 分 | |
| 复写纸 | | 包 | 10 | 8.00 | | | | | 8 | 0 | 0 | 0 | |
| 笔记本 | | 个 | 20 | 12.00 | | | | 2 | 4 | 0 | 0 | 0 | |
| 凤尾夹 | | 个 | 10 | 11.00 | | | | 1 | [illegible] | 0 | 0 | 0 | |
| 合计人民币（大写） | ⊗肆佰叁拾元整 | | | | | | ¥ | 4 | 3 | 0 | 0 | 0 | |

第二联发票联

武汉东方办公用品有限公司
发票专用章

填票人　　　　收款人　　　　单位名称

## 业务 41：

31 日，分配本月发生的职工福利费。（职工福利费汇总表、职工福利费分配表）

### 职工福利费汇总表

2012 年 12 月 31 日　　　　金额单位：元

| 部　　门 | | 本月发生福利费支出 |
|---|---|---|
| 生产车间 | 生产工人 | 14 000.00 |
| | 管理人员 | 1 000.00 |
| 管理部门 | | 3 000.00 |
| 合　　计 | | 18 000.00 |

审核：刘莉莉　　　　制单：张明

### 职工福利费分配表

2012 年 12 月 31 日　　　　金额单位：元

| 受益对象 | | 分配标准 | 分配率 | 分配金额 |
|---|---|---|---|---|
| 生产车间工人 | 男夏装 | 20 | 140.00 | 2 800.00 |
| | 女夏装 | 25 | | 3 500.00 |
| | 男冬装 | 25 | | 3 500.00 |
| | 女冬装 | 30 | | 4 200.00 |
| | 小计 | 100 | | 14 000.00 |
| 车间管理人员 | | | | 1 000.00 |
| 公司管理人员 | | | | 3 000.00 |
| 合计 | | | | 18 000.00 |

审核：刘莉莉　　　　制单：张明

## 业务 42：

31 日，计算并结转本月应代扣个人所得税。（个人所得税计算表）

**个人所得税计算表**

2012 年 12 月 31 日　　　　金额单位：元

| 姓名 | 应付工资 | 三险一金 | 应税工资 | 应交个人所得税 |
|---|---|---|---|---|
| 王强 | 8 500.00 | 1 200.00 | 7 300.00 | |
| 李功 | 6 000.00 | 1 050.00 | 4 950.00 | |
| 刘晓 | 4 900.00 | 850.00 | 4 050.00 | |
| 合计 | | | 16 300.00 | |
| 备注：公司其他职工本月无应交个人所得税。 | | | | |

审核：刘莉莉　　　　制单：张明

## 业务 43：

31 日，分配本月职工薪酬。（职工薪酬汇总表、职工薪酬分配表）

### 职工薪酬汇总表

2012 年 12 月 31 日　　　　金额单位：元

| 部门 | | 应付工资 | 社会保险费 | 住房公积金 | 工会经费 | 职工教育经费 | 合计 |
|---|---|---|---|---|---|---|---|
| 基本生产车间 | 生产工人 | 230 931.00 | 59 580.20 | 23 093.10 | 4 618.62 | 5 773.28 | 323 996.20 |
| | 管理人员 | 12 835.00 | 3 311.43 | 1 283.50 | 256.70 | 320.88 | 18 007.51 |
| 公司管理部门人员 | | 156 234.00 | 40 308.37 | 15 623.40 | 3 124.68 | 3 905.84 | 219 196.29 |
| 合计 | | 400 000.00 | 103 200.00 | 40 000.00 | 8 000.00 | 10 000.00 | 561 200.00 |

审核：刘莉莉　　　　制单：张明

### 职工薪酬分配表

2012 年 12 月 31 日　　　　金额单位：元

| 受益对象 | | 分配标准(工时) | 分配率 | 分配金额 |
|---|---|---|---|---|
| 生产车间工人 | 男夏装 | 2 250 | 38.117 2 | |
| | 女夏装 | 2 550 | | |
| | 男冬装 | 1 800 | | |
| | 女冬装 | 1 900 | | |
| | 小计 | 8 500 | | |
| 车间管理人员 | | | | |
| 公司管理人员 | | | | |
| 合　　计 | | | | |

审核：刘莉莉　　　　制单：张明

## 业务 44：

31 日，计提本月折旧。（折旧计算表）

### 固定资产折旧计算表

2012 年 12 月 31 日　　　　金额单位：元

| 使用单位和固定资产类别 | | 月初原值 | 固定资产月折旧率 | 本月应提折旧额 |
|---|---|---|---|---|
| 生产车间 | 厂房 | 1 750 000.00 | 0.45% | 7 875.00 |
| | 生产设备 | 2 560 000.00 | 0.80% | 20 480.00 |
| | 小计 | | | 28 355.00 |
| 管理部门 | 房屋 | 1 500 000.00 | 0.45% | 6 750.00 |
| | 运输设备 | 1 064 700.00 | 2% | 21 294.00 |
| | 管理设备 | 697 560.00 | 1.7% | 11 858.52 |
| | 小计 | | | 39 902.52 |
| 无偿提供给高管用车 | | 150 450.00 | 2% | 3 009.00 |
| 小　计 | | | | 3 009.00 |

审核：刘莉莉　　　　　　　　制单：张明

## 业务 45:

31 日,确认本月高管用车折旧费为非货币性福利。(资料见业务 44)

## 业务 46:

31 日,分配本月水费。(外购水费分配表)

**外购水费分配表**

2012 年 12 月 31 日　　金额单位:元

| 受益对象 | 耗用量 | 单价 | 分配金额 |
|---|---|---|---|
| 生产车间 | 550 | 4.50 | 2 475.00 |
| 公司管理部门 | 250 | 4.50 | 1 125.00 |
| 合计 | 800 | | 3 600.00 |

审核:刘莉莉　　制单:张明

## 业务 47：

31 日，分配本月电费。(外购电费分配表)

**外购电费分配表**

2012 年 12 月 31 日　　　　金额单位：元

| 受益对象 | 耗用量 | 单价 | 分配金额 |
|---|---|---|---|
| 生产车间 | 5 600 | 0.80 | 4 480.00 |
| 公司管理部门 | 2 900 | 0.80 | 2 320.00 |
| 合计 | 8 500 | | 6 800.00 |

审核：刘莉莉　　　　制单：张明

## 业务 48：

31 日，根据“收料单”编制“收料凭证汇总表”，结转本月入库材料计划成本。（收料单 5 张、上月暂估入账收料单复印件、收料凭证汇总表）

### 收料单

2012 年 12 月 01 日　　编码：001

| 材料编号 | 材料名称 | 规格 | 材质 | 单位 | 数量 | | 计划单价 | 计划总成本 |
|---|---|---|---|---|---|---|---|---|
| | | | | | 应收 | 实收 | | |
| 01 | 天然纯色薄布 | | | 米 | 4 500 | 4 500 | 25.80 | 116 100.00 |
| | | | | | | | | |
| | | | | | | | | |
| | | | | | | | | |

主管：杨阳　　质量检验员：王杨　　仓库验收：宋清　　经办人：胡明

### 收料单

2012 年 12 月 01 日　　编码：002

| 材料编号 | 材料名称 | 规格 | 材质 | 单位 | 数量 | | 计划单价 | 计划总成本 |
|---|---|---|---|---|---|---|---|---|
| | | | | | 应收 | 实收 | | |
| 02 | 天然印花薄布 | | | 米 | 5 500 | 5 500 | 25.80 | 141 900.00 |
| | | | | | | | | |
| | | | | | | | | |
| | | | | | | | | |

主管：杨阳　　质量检验员：王杨　　仓库验收：宋清　　经办人：胡明

### 收料单

2012 年 12 月 01 日　　编码：003

| 材料编号 | 材料名称 | 规格 | 材质 | 单位 | 数量 | | 计划单价 | 计划总成本 |
|---|---|---|---|---|---|---|---|---|
| | | | | | 应收 | 实收 | | |
| 03 | 天然纯色厚布 | | | 米 | 3 400 | 3 400 | 32.90 | 111 860.00 |
| | | | | | | | | |
| | | | | | | | | |
| | | | | | | | | |

主管：杨阳　　质量检验员：王杨　　仓库验收：宋清　　经办人：胡明

## 收料单

2012 年 12 月 01 日　　　　编码:004

| 材料编号 | 材料名称 | 规格 | 材质 | 单位 | 数量 | | 计划单价 | 计划总成本 |
|---|---|---|---|---|---|---|---|---|
| | | | | | 应收 | 实收 | | |
| 04 | 天然印花厚布 | | | 米 | 3 600 | 3 600 | 32.90 | 118 440.00 |
| | | | | | | | | |
| | | | | | | | | |
| | | | | | | | | |

主管:杨阳　　质量检验员:王杨　　仓库验收:宋清　　经办人:胡明

## 收料单

2012 年 12 月 07 日　　　　编码:005

| 材料编号 | 材料名称 | 规格 | 材质 | 单位 | 数量 | | 计划单价 | 计划总成本 |
|---|---|---|---|---|---|---|---|---|
| | | | | | 应收 | 实收 | | |
| 05 | 反光条 | | | 圈 | 220 | 220 | 40.00 | 8 800.00 |
| | | | | | | | | |
| | | | | | | | | |
| | | | | | | | | |

主管:杨阳　　质量检验员:王杨　　仓库验收:宋清　　经办人:胡明

## 收料单

2012 年 11 月 30 日　　　　编码:015

| 材料编号 | 材料名称 | 规格 | 材质 | 单位 | 数量 | | 计划单价 | 计划总成本 |
|---|---|---|---|---|---|---|---|---|
| | | | | | 应收 | 实收 | | |
| 03 | 天然纯色厚布 | | | 米 | 600 | 600 | 32.90 | 19 740.00 |
| | | | | | | | | |
| | | | | | | | | |
| | | | | | | | | |

原件与复印件一致

主管:杨阳　　质量检验员:王杨　　仓库验收:宋清　　经办人:胡明

## 收料凭证汇总表

2012 年 12 月 31 日　　　　金额单位:元

| 材料名称 | 入库数量 | 计划单价 | 计划总成本 |
|---|---|---|---|
| 天然纯色薄布 | 4 500 | 25.80 | 116 100.00 |
| 天然印花薄布 | 5 500 | 25.80 | 141 900.00 |
| 天然纯色厚布 | 4 000 | 32.90 | 131 600.00 |
| 天然印花厚布 | 3 600 | 32.90 | 118 440.00 |
| 反光条 | 220 | 40.00 | 8 800.00 |
| 合　计 | | | 516 840.00 |

审核:刘莉莉　　　　制单:张明

## 业务 49：

31 日，计算并结转本月入库材料成本差异。（材料成本差异计算表）

**入库材料成本差异计算表**

2012 年 12 月 31 日　　　　金额单位：元

| 材料名称 | 入库数量 | 计划单价 | 计划总成本 | 实际总成本 | 材料成本差异 |
|---|---|---|---|---|---|
| 天然纯色薄布 | 4 500 | 25.8 | 116 100.00 | 119 008.80 | 2 908.80 |
| 天然印花薄布 | 5 500 | 25.8 | 141 900.00 | 145 455.20 | 3 555.20 |
| 天然纯色厚布 | 4 000 | 32.9 | 131 600.00 | 138 213.40 | 6 613.40 |
| 天然印花厚布 | 3 600 | 32.9 | 118 440.00 | 124 743.60 | 6 303.60 |
| 反光条 | 220 | 40 | 8 800.00 | 9 900.00 | 1 100.00 |
| 合　计 | — | — | 516 840.00 | 537 321.00 | 20 481.00 |

审核：刘莉莉　　　　制单：张明

**业务 50:**

31 日,编制发出材料汇总表,分配并结转本月发出材料计划成本。(领料单 9 张、发出材料汇总表、生产车间材料费用分配表)

### 领料单

领料部门:生产车间
用　　途:男夏装　　　2012 年 12 月 05 日　　　第 001 号

| 材料编号 | 材料名称 | 规格 | 单位 | 数量 | | 单价 | 计划总成本 |
|---|---|---|---|---|---|---|---|
| | | | | 请领 | 实收 | | |
| 01 | 天然纯色薄布 | | 米 | 4 500 | 4 500 | 25.80 | 116 100.00 |
| | | | | | | | |
| | | | | | | | |
| 合计 | | | | | | | ¥116 100.00 |

领料人:张军　领料部门负责人:李想　发料人:吴奇　仓库负责人:刘松

### 领料单

领料部门:生产车间
用　　途:女夏装　　　2012 年 12 月 05 日　　　第 002 号

| 材料编号 | 材料名称 | 规格 | 单位 | 数量 | | 单价 | 计划总成本 |
|---|---|---|---|---|---|---|---|
| | | | | 请领 | 实收 | | |
| 02 | 天然印花薄布 | | 米 | 5 000 | 5 000 | 25.80 | 129 000.00 |
| | | | | | | | |
| | | | | | | | |
| 合计 | | | | | | | ¥129 000.00 |

领料人:张军　领料部门负责人:李想　发料人:吴奇　仓库负责人:刘松

### 领料单

领料部门:生产车间
用　　途:男冬装　　　2012 年 12 月 05 日　　　第 003 号

| 材料编号 | 材料名称 | 规格 | 单位 | 数量 | | 单价 | 计划总成本 |
|---|---|---|---|---|---|---|---|
| | | | | 请领 | 实收 | | |
| 03 | 天然纯色厚布 | | 米 | 3 200 | 3 200 | 32.90 | 105 280.00 |
| | | | | | | | |
| | | | | | | | |
| 合计 | | | | | | | ¥105 280.00 |

领料人:张军　领料部门负责人:李想　发料人:吴奇　仓库负责人:刘松

## 领料单

领料部门:生产车间
用　　途:女冬装　　　　2012 年 12 月 05 日　　　　第 004 号

| 材料编号 | 材料名称 | 规格 | 单位 | 数量 | | 单价 | 计划总成本 |
|---|---|---|---|---|---|---|---|
| | | | | 请领 | 实收 | | |
| 04 | 天然印花厚布 | | 米 | 3 500 | 3 500 | 32.90 | 115 150.00 |
| | | | | | | | |
| | | | | | | | |
| 合计 | | | | | | | ¥115 150.00 |

领料人:张军　　领料部门负责人:李想　　发料人:吴奇　　仓库负责人:刘松

## 领料单

领料部门:生产车间
用　　途:服装　　　　2012 年 12 月 07 日　　　　第 005 号

| 材料编号 | 材料名称 | 规格 | 单位 | 数量 | | 单价 | 计划总成本 |
|---|---|---|---|---|---|---|---|
| | | | | 请领 | 实收 | | |
| 06 | 扣子 | | 包 | 1 000 | 1 000 | 10.70 | 10 700.00 |
| | | | | | | | |
| | | | | | | | |
| 合计 | | | | | | | ¥10 700.00 |

领料人:张军　　领料部门负责人:李想　　发料人:吴奇　　仓库负责人:刘松

## 领料单

领料部门:生产车间
用　　途:服装　　　　2012 年 12 月 07 日　　　　第 006 号

| 材料编号 | 材料名称 | 规格 | 单位 | 数量 | | 单价 | 计划总成本 |
|---|---|---|---|---|---|---|---|
| | | | | 请领 | 实收 | | |
| 07 | 松紧带 | | 卷 | 100 | 100 | 70.00 | 7 000.00 |
| | | | | | | | |
| | | | | | | | |
| 合计 | | | | | | | ¥7 000.00 |

领料人:张军　　领料部门负责人:李想　　发料人:吴奇　　仓库负责人:刘松

## 领料单

领料部门:生产车间
用　　途:服装　　2012 年 12 月 10 日　　第 007 号

| 材料编号 | 材料名称 | 规格 | 单位 | 数量 | | 单价 | 计划总成本 |
|---|---|---|---|---|---|---|---|
| | | | | 请领 | 实收 | | |
| 05 | 反光条 | | 圈 | 550 | 550 | 40.00 | 22 000.00 |
| | | | | | | | |
| | | | | | | | |
| 合计 | | | | | | | ￥22 000.00 |

领料人:张军　领料部门负责人:李想　发料人:吴奇　仓库负责人:刘松

## 领料单

领料部门:生产车间
用　　途:服装　　2012 年 12 月 10 日　　第 008 号

| 材料编号 | 材料名称 | 规格 | 单位 | 数量 | | 单价 | 计划总成本 |
|---|---|---|---|---|---|---|---|
| | | | | 请领 | 实收 | | |
| 08 | 线 | | 塔 | 200 | 200 | 10.00 | 2 000.00 |
| | | | | | | | |
| | | | | | | | |
| 合计 | | | | | | | ￥2 000.00 |

领料人:张军　领料部门负责人:李想　发料人:吴奇　仓库负责人:刘松

## 领料单

领料部门:生产车间
用　　途:一般耗用　　2012 年 12 月 18 日　　第 009 号

| 材料编号 | 材料名称 | 规格 | 单位 | 数量 | | 单价 | 计划总成本 |
|---|---|---|---|---|---|---|---|
| | | | | 请领 | 实收 | | |
| 09 | 225 高级衣车油 | | 瓶 | 10 | 10 | 100.00 | 1 000.00 |
| | | | | | | | |
| | | | | | | | |
| 合计 | | | | | | | ￥1 000.00 |

领料人:张军　领料部门负责人:李想　发料人:吴奇　仓库负责人:刘松

## 发出材料汇总表

2012 年 12 月 31 日　　　　金额单位:元

| 材料＼用途 | | | 生产产品耗用 | | | | | | | | | | 车间一般耗用 | |
|---|---|---|---|---|---|---|---|---|---|---|---|---|---|---|
| | | | 男夏装 | | 女夏装 | | 男冬装 | | 女冬装 | | 产品共同耗用 | | | |
| 品名 | 单位 | 计划单价 | 数量 | 金额 | 数量 | 金额 | 数量 | 金额 | 数量 | 金额 | 数量 | 金额 | 数量 | 金额 |
| 天然纯色薄布 | 米 | 25.8 | 4 500 | 116 100 | | | | | | | | | | |
| 天然印花薄布 | 米 | 25.8 | | | 5 000 | 129 000 | | | | | | | | |
| 天然纯色厚布 | 米 | 32.9 | | | | | 3 200 | 105 280 | | | | | | |
| 天然印花厚布 | 米 | 32.9 | | | | | | | 3 500 | 115 150 | | | | |
| 扣子 | | 10.7 | | | | | | | | | 1 000 | 10 700 | | |
| 松紧带 | | 70 | | | | | | | | | 100 | 7 000 | | |
| 反光条 | | 40 | | | | | | | | | 550 | 22 000 | | |
| 线 | | 10 | | | | | | | | | 200 | 2 000 | | |
| 225 高级衣车油 | | 100 | | | | | | | | | | | 10 | 1 000 |
| 合计 | | | | 116 100 | | 129 000 | | 105 280 | | 115 150 | | 41 700 | | 1 000 |

审核:刘莉莉　　　　制单:张明

## 生产车间材料费用分配表

2012 年 12 月 31 日　　　　金额单位:元

| 产品名称 | 本期投产量 | 间接计入 | | | | | | | | | | | | 直接计入 | 材料费用合计 |
|---|---|---|---|---|---|---|---|---|---|---|---|---|---|---|---|
| | | 扣子 | | | 松紧带 | | | 反光条 | | | 线 | | | | |
| | | 单位消耗定额 | 分配率 | 分配额 | 单位消耗定额 | 分配率 | 分配额 | 单位消耗定额 | 分配率 | 分配额 | 单位消耗定额 | 分配率 | 分配额 | | |
| 男夏装 | 1 500 | 0.18 | 10.552 3 | 2 849.12 | 1 | 1.275 0 | 1 912.50 | 5.2 | 0.780 1 | 6 084.78 | 0.11 | 3.300 3 | 544.55 | 116 100 | 127 490.95 |
| 女夏装 | 1 800 | 0.18 | | 3 418.95 | 1 | | 2 295.00 | 5.1 | | 7 161.32 | 0.1 | | 594.05 | 129 000 | 142 469.32 |
| 男冬装 | 900 | 0.2 | | 1 899.41 | 1.1 | | 1 262.25 | 5.4 | | 3 791.29 | 0.13 | | 386.14 | 105 280 | 112 619.09 |
| 女冬装 | 1 200 | 0.2 | | 2 532.52 | 1 | | 1 530.25 | 5.3 | | 4 962.61 | 0.12 | | 475.26 | 115 150 | 124 650.64 |
| 合计 | | | | 10 700 | | | 7 000 | | | 22 000 | | | 2 000 | | 507 230.00 |

审核:刘莉莉　　　　制单:张明

## 业务 51：

31 日，计算并结转本月发出材料成本差异。（材料成本差异率计算表、发出材料成本差异计算表）

### 材料成本差异率计算表

2012 年 12 月 31 日　　　　金额单位：元

| 材料成本差异 | | 原材料计划成本 | | 材料成本差异率(%) |
|---|---|---|---|---|
| 期初结存 | 本期增加 | 期初结存 | 本期增加 | |
| −2 582.88 | 20 481.00 | 131 941.40 | 498 840.00 | 2.84% |

审核：刘莉莉　　　　制单：张明

### 发出材料成本差异计算表

2012 年 12 月 31 日　　　　金额单位：元

| 车间名称 | 产品名称 | 计划成本 | 材料成本差异率 | 材料成本差异额 |
|---|---|---|---|---|
| 生产车间 | 男夏装 | 127 490.95 | 2.84% | 3 620.74 |
| | 女夏装 | 142 469.32 | 2.84% | 4 046.13 |
| | 男冬装 | 112 619.09 | 2.84% | 3 198.38 |
| | 女冬装 | 124 650.64 | 2.84% | 3 540.08 |
| | 小计 | | | |
| 制造费用 | | 1 000.00 | 2.84% | 28.40 |
| 合　计 | | | | 14 433.73 |

审核：刘莉莉　　　　制单：张明

## 业务 52：

31 日，结转本月发出周转材料成本。（包装物领用单）

### 包装物领用单

领用部门：生产车间
用　　途：包装产品　　　　2012 年 12 月 10 日　　　　计量单位：包

| 品名 | 数量 | | 单位成本 | 总成本 | 备注 |
|---|---|---|---|---|---|
| | 请领 | 实发 | | | |
| 男夏装袋 | 20 | 18 | 5.00 | 90.00 | |
| 女夏装袋 | 18 | 16 | 5.00 | 80.00 | |
| 男冬装袋 | 11 | 10 | 6.00 | 60.00 | |
| 女冬装袋 | 15 | 12 | 6.00 | 72.00 | |
| 合计 | | | | 302.00 | |

领料人：张军　　领料部门负责人：李想　　发料人：吴奇　　仓库负责人：刘松

## 业务53：

31日，分配并结转本月制造费用。（制造费用分配表）

**制造费用分配表**

2012年12月31日　　　　金额单位：元

| 产品名称 | 分配标准（工时） | 分配率 | 分配金额 |
|---|---|---|---|
| 男夏装 | 2 250 | 6.973 6 | 15 690.60 |
| 女夏装 | 2 550 | 6.973 6 | 17 782.68 |
| 男冬装 | 1 800 | 6.973 6 | 12 552.48 |
| 女冬装 | 1 900 | 6.973 6 | 13 250.15 |
| 合计 | 8 500 | | 59 275.91 |

审核：刘莉莉　　　　制单：张明

注：分配率保留小数点后四位，分配金额保留小数点后两位，尾差计入女冬装。

## 业务 54：

31 日，计算各工序在产品完工程度及月末在产品约当产量，计算并结转本月完工产品成本。（注：各个成本项目的“单位成本”保留四位小数，“单位成本合计”保留两位小数，成本计算尾差计入完工产品成本。）（产成品入库单 8 张，期末在产品约当产量计算表、产品成本计算单 5 张）

### 产成品入库单

交库单位：生产车间　　2012 年 12 月 11 日　　单号：1201

| 产品批号 | 产品名称 | 计量单位 | 交付数量 | 检验结果 | | 实收数量 |
|---|---|---|---|---|---|---|
| | | | | 合格 | 不合格 | |
| 01 | 男夏装 | 套 | 500 | 500 | 0 | 500 |
| | | | | | | |
| | | | | | | |
| | | | | | | |

交库人：李艳　　仓库保管员：周星

### 产成品入库单

交库单位：生产车间　　2012 年 12 月 11 日　　单号：1202

| 产品批号 | 产品名称 | 计量单位 | 交付数量 | 检验结果 | | 实收数量 |
|---|---|---|---|---|---|---|
| | | | | 合格 | 不合格 | |
| 02 | 女夏装 | 套 | 800 | 800 | 0 | 800 |
| | | | | | | |
| | | | | | | |
| | | | | | | |

交库人：李艳　　仓库保管员：周星

### 产成品入库单

交库单位：生产车间　　2012 年 12 月 11 日　　单号：1203

| 产品批号 | 产品名称 | 计量单位 | 交付数量 | 检验结果 | | 实收数量 |
|---|---|---|---|---|---|---|
| | | | | 合格 | 不合格 | |
| 03 | 男冬装 | 套 | 500 | 500 | 0 | 500 |
| | | | | | | |
| | | | | | | |
| | | | | | | |

交库人：李艳　　仓库保管员：周星

## 产成品入库单

交库单位:生产车间　　2012 年 12 月 11 日　　单号:1204

| 产品批号 | 产品名称 | 计量单位 | 交付数量 | 检验结果 | | 实收数量 |
|---|---|---|---|---|---|---|
| | | | | 合格 | 不合格 | |
| 04 | 女冬装 | 套 | 900 | 900 | 0 | 900 |
| | | | | | | |
| | | | | | | |
| | | | | | | |

交库人:李艳　　仓库保管员:周星

## 产成品入库单

交库单位:生产车间　　2012 年 12 月 26 日　　单号:1205

| 产品批号 | 产品名称 | 计量单位 | 交付数量 | 检验结果 | | 实收数量 |
|---|---|---|---|---|---|---|
| | | | | 合格 | 不合格 | |
| 05 | 男夏装 | 套 | 1 000 | 1 000 | 0 | 1 000 |
| | | | | | | |
| | | | | | | |
| | | | | | | |

交库人:李艳　　仓库保管员:周星

## 产成品入库单

交库单位:生产车间　　2012 年 12 月 26 日　　单号:1206

| 产品批号 | 产品名称 | 计量单位 | 交付数量 | 检验结果 | | 实收数量 |
|---|---|---|---|---|---|---|
| | | | | 合格 | 不合格 | |
| 06 | 女夏装 | 套 | 1 000 | 1 000 | 0 | 1 000 |
| | | | | | | |
| | | | | | | |
| | | | | | | |

交库人:李艳　　仓库保管员:周星

## 产成品入库单

交库单位:生产车间　　2012 年 12 月 26 日　　单号:1207

| 产品批号 | 产品名称 | 计量单位 | 交付数量 | 检验结果 | | 实收数量 |
|---|---|---|---|---|---|---|
| | | | | 合格 | 不合格 | |
| 07 | 男冬装 | 套 | 1 000 | 1 000 | 0 | 1 000 |
| | | | | | | |
| | | | | | | |
| | | | | | | |

交库人:李艳　　仓库保管员:周星

## 产成品入库单

交库单位:生产车间　　2012 年 12 月 26 日　　单号:1208

| 产品批号 | 产品名称 | 计量单位 | 交付数量 | 检验结果 | | 实收数量 |
|---|---|---|---|---|---|---|
| | | | | 合格 | 不合格 | |
| 08 | 女冬装 | 套 | 180 | 180 | 0 | 180 |
| | | | | | | |
| | | | | | | |
| | | | | | | |

交库人:李艳　　仓库保管员:周星

## 期末在产品约当产量计算表

产品名称:女冬装　　2012 年 12 月 31 日　　计量单位:套

| 工序 | 工序名称 | 定额工时(分钟) | 完工程度 | 期末在产品数量 | 在产品约当产量 |
|---|---|---|---|---|---|
| 1 | 验布 | 4 | | | |
| 2 | 裁布 | 4 | | 10 | |
| 3 | 缝纫 | 84 | | 100 | |
| 4 | 锁眼钉扣 | 4 | | 10 | |
| 5 | 检验包装 | 4 | | | |
| 合计 | | 100 | | 120 | 60 |

审核:刘莉莉　　制单:张明

## 产品成本计算单

车间:生产车间
产品:男夏装　　2012 年 12 月 31 日　　完工产品:1 500

| 成本项目 | 月初在产品成本 | 本月发生费用 | 生产费用合计 | 期末在产品约当产量 | 完工产品产量 | 完工产品总成本 | 单位成本 | 期末在产品成本 |
|---|---|---|---|---|---|---|---|---|
| 直接材料 | | | | | | | | |
| 直接人工 | | | | | | | | |
| 制造费用 | | | | | | | | |
| 合　计 | | | | | | | | |

审核:刘莉莉　　制单:张明

## 产品成本计算单

车间:生产车间
产品:女夏装　　2012 年 12 月 31 日　　完工产品:1 800

| 成本项目 | 月初在产品成本 | 本月发生费用 | 生产费用合计 | 期末在产品约当产量 | 完工产品产量 | 完工产品总成本 | 单位成本 | 期末在产品成本 |
|---|---|---|---|---|---|---|---|---|
| 直接材料 | | | | | | | | |
| 直接人工 | | | | | | | | |
| 制造费用 | | | | | | | | |
| 合　计 | | | | | | | | |

审核:刘莉莉　　制单:张明

## 产品成本计算单

车间:生产车间
产品:男冬装　　2012 年 12 月 31 日　　完工产品:1 500

| 成本项目 | 月初在产品成本 | 本月发生费用 | 生产费用合计 | 期末在产品约当产量 | 完工产品产量 | 完工产品总成本 | 单位成本 | 期末在产品成本 |
|---|---|---|---|---|---|---|---|---|
| 直接材料 | | | | | | | | |
| 直接人工 | | | | | | | | |
| 制造费用 | | | | | | | | |
| 合　计 | | | | | | | | |

审核:刘莉莉　　制单:张明

## 产品成本计算单

车间:生产车间

产品:女冬装　　2012 年 12 月 31 日　　完工产品:1 080

| 成本项目 | 月初在产品成本 | 本月发生费用 | 生产费用合计 | 期末在产品约当产量 | 完工产品产量 | 完工产品总成本 | 单位成本 | 期末在产品成本 |
|---|---|---|---|---|---|---|---|---|
| 直接材料 | | | | | | | | |
| 直接人工 | | | | | | | | |
| 制造费用 | | | | | | | | |
| 合　计 | | | | | | | | |

审核:刘莉莉　　制单:张明

## 产品成本汇总表

编制单位:武汉好时尚制衣有限责任公司　　2012 年 12 月 31 日　　金额单位:元

| 项　目 | 男夏装 | 女夏装 | 男冬装 | 女冬装 | 合计 |
|---|---|---|---|---|---|
| 期初在产品成本 | | | | | |
| 本期生产费用 | | | | | |
| 生产费用合计 | | | | | |
| 期末完工产品成本 | | | | | |
| 期末在产品成本 | | | | | |

审核:刘莉莉　　制单:张明

## 业务 55:

31 日，结转本月销售产品成本，单位成本保留两位小数，计算尾差计入销售产品成本。(出库单 3 张、销售成本计算表)

### 出库单

出货单位:武汉好时尚制衣有限责任公司　　2012 年 12 月 31 日　　单号:001

提货单位:北京市海淀区劳保用品中心　　销售单号:001　　发出仓库:产品库

| 编号 | 名称及规格 | 单位 | 数量 |
| --- | --- | --- | --- |
| F001 | 男夏装 | 套 | 800 |
| F002 | 女夏装 | 套 | 600 |
| F003 | 男冬装 | 套 | 600 |
| F004 | 女冬装 | 套 | 800 |
| 合　计 | | | 2 800 |

经办人:文静　　销售部门负责人:张汉波　　仓库管理员:黄明　　仓库负责人:刘松

### 出库单

出货单位:武汉好时尚制衣有限责任公司　　2012 年 12 月 27 日　　单号:002

提货单位:武汉劳保用品公司　　销售单号:002　　发出仓库:产品库

| 编号 | 名称及规格 | 单位 | 数量 |
| --- | --- | --- | --- |
| F001 | 男夏装 | 套 | 1 000 |
| F002 | 女夏装 | 套 | 800 |
| F003 | 男冬装 | 套 | 700 |
| F004 | 女冬装 | 套 | 900 |
| 合　计 | | | 3 400 |

经办人:文静　　销售部门负责人:张汉波　　仓库管理员:黄明　　仓库负责人:刘松

### 出库单

出货单位:武汉好时尚制衣有限责任公司　　2012 年 12 月 29 日　　单号:003

提货单位:东君盛实业公司　　销售单号:003　　发出仓库:产品库

| 编号 | 名称及规格 | 单位 | 数量 |
| --- | --- | --- | --- |
| F002 | 女夏装 | 套 | 400 |
| | | | |
| | | | |
| | | | |
| 合　计 | | | 400 |

经办人:文静　　销售部门负责人:张汉波　　仓库管理员:黄明　　仓库负责人:刘松

## 销售成本计算表

2012 年 12 月 31 日　　　　金额单位:元

| 产品 | 期初结存数量 | 本期完工产量 | 本期销售产量 | 期末结存数量 | 期初结存成本 | 完工产品成本 | 单位成本（加权） | 期末存货 | 销售成本 |
|---|---|---|---|---|---|---|---|---|---|
| 男夏装 | | | | | | | | | |
| 女夏装 | | | | | | | | | |
| 男冬装 | | | | | | | | | |
| 女冬装 | | | | | | | | | |
| 合计 | | | | | | | | | |

审核:刘莉莉　　　　制单:张明

## 业务 56:

31 日,结转新产品研究阶段发生的费用化支出。

## 业务 57:

31 日,确认对联营企业武汉七星商贸有限公司的投资收益。(确认投资收益相关说明)

### 确认投资收益相关说明

由于本公司的联营企业武汉七星商贸有限公司 2012 年实现净利润为 852 632.40 元,本公司持股比例 20%,为此应确认相应的投资收益。本年投资双方会计政策一致、无相互贸易往来,企业取得该长期股权投资时资产、负债的账面价值与公允价值一致,投资双方企业所得税税率一致。

武汉好时尚制衣有限责任公司
财务专用章

会计主管:刘莉莉
总 经 理:张世杰

武汉好时尚制衣有限责任公司
2012 年 12 月 31 日

## 业务 58:

31 日，期末计提应收账款坏账准备。(坏账准备计提表)

**坏账准备计提表**

2012 年 12 月 31 日　　　　金额单位:元

| 计提项目 | 坏账准备期初余额 | 期初应收账款余额 | 本期借方发生额 | 本期贷方发生额 | 本期计提基础 | 计提率(5%) | 应计提金额 | 实际计提金额 |
|---|---|---|---|---|---|---|---|---|
| 应收账款 | 25 166.25 | | | | | | | |
| | | | | | | | | |

审核:刘莉莉　　　　制单:张明

**业务 59：**

31 日，核算可供出售金融资产及投资性房地产公允价值变动。（公允价值变动计算表）

**公允价值变动计算表**

2012 年 12 月 31 日　　　　金额单位：元

| 资产名称 | 账面价值 | 公允价值 | 公允价值变动 |
|---|---|---|---|
| 可供出售金融资产 | 108 432.00 | 115 000.00 | 6 568.00 |
| 投资性房地产 | 7 256 100.00 | 7 454 000.00 | 197 900.00 |

审核：刘莉莉　　　　制单：张明

## 业务 60：

31 日，计算并结转本月未交增值税。（未交增值税计算表）

### 未交增值税计算表

编制单位：武汉好时尚制衣有限责任公司　　2012 年 12 月 31 日　　金额单位：元

| 项　目 | 进项税额 | 销项税额 | 未交增值税 |
|---|---|---|---|
| | | | |
| | | | |
| | | | |
| 合　计 | | | |

审核：刘莉莉　　制单：张明

## 业务 61：

31 日，计提本月应交营业税及应交城市维护建设税与教育费附加。（应交营业税计算表、应交城市维护建设税与教育费附加计算表）

### 应交营业税计算表

2012 年 12 月 31 日　　　　金额单位：元

| 经营项目 | 应税营业额 | 税率 | 应交营业税额 |
|---|---|---|---|
| 专利使用费 | | 5% | |
| | | | |
| | | | |
| 合　计 | | | |

审核：刘莉莉　　　　制单：张明

### 应交城市维护建设税与教育费附加计算表

2012 年 12 月 31 日　　　　金额单位：元

| 税　目 | 计税依据 | 计税金额 | 税率 | 应纳税额 |
|---|---|---|---|---|
| 城建税 | 增值税 | | 7% | |
| | 营业税 | | 7% | |
| | 小计 | | | |
| 教育费附加 | 增值税 | | 3% | |
| | 营业税 | | 3% | |
| | 小计 | | | |

审核：刘莉莉　　　　制单：张明

## 业务 62：

31 日，计提应交财产税。（应交财产税计算表）

| |
|---|
| 公司年初拥有房产原值 3 250 000 元，本年 1～11 月无增减变动，房产余值扣除比例为 30%，税率为 1.20%；公司土地使用面积 9 800 平方米，土地使用税 2 元/平方米。 |

**车船税 2012 年税目税额及企业车辆情况表**

| 税　目 | 税额(元/辆) | 数量(辆) |
|---|---|---|
| 1.0 升(含)以下 | 30.00 | 4 |
| 1.0 升以上 | 360.00 | 8 |

**应交财产税计算表**

2012 年 12 月 31 日　　金额单位：元

<table>
<tr><td>税种</td><td colspan="9">应纳税额计算</td></tr>
<tr><td rowspan="3">房产税</td><td>征收方式</td><td colspan="4">从价计征</td><td colspan="3">从租计征</td><td rowspan="2">应纳房产税税额合计</td></tr>
<tr><td>项目</td><td>房产原值</td><td>房产余值</td><td>税率</td><td>应纳税额</td><td>租金收入</td><td>税率</td><td>应纳税额</td></tr>
<tr><td>金额</td><td></td><td></td><td></td><td></td><td></td><td></td><td></td><td></td></tr>
<tr><td rowspan="3">车船税</td><td colspan="2">税目</td><td colspan="2">计税单位</td><td>单位税额</td><td>数量</td><td colspan="2">税额</td><td>应纳车船税税额合计</td></tr>
<tr><td colspan="2">载客人数 9 人(含)以下；1.0 升(含)以下</td><td colspan="2"></td><td></td><td></td><td colspan="2"></td><td rowspan="2"></td></tr>
<tr><td colspan="2">1.0 升以上</td><td colspan="2"></td><td></td><td></td><td colspan="2"></td></tr>
<tr><td rowspan="2">土地使用税</td><td colspan="4">应税面积(平方米)</td><td colspan="4">税率(元/平方米)</td><td>应纳土地使用税税额</td></tr>
<tr><td colspan="4"></td><td colspan="4"></td><td></td></tr>
<tr><td colspan="9">应交财产税</td><td></td></tr>
</table>

审核：刘莉莉　　制单：张明

### 业务 63:

31 日,损益类(收入)账户结转(只填写总账科目)。

### 业务 64:

31 日,损益类(费用支出)账户结转(只填写总账科目)。

### 业务 65:

31 日,预缴第四季度所得税。(电子缴税回单)

**中国工商银行电子缴税回单**

转账日期:2012 年 12 月 31 日

纳税人全称及纳税人识别号:武汉好时尚制衣有限责任公司 140102244212428

付款人全称:武汉好时尚制衣有限责任公司

付款人账号:6222464612345678　　征收机关名称:武汉市洪山区国家税务局

付款人开户银行:工商银行武汉光谷支行　　收款银行名称:国家金库武汉市洪山区支库

小写(合计)金额:¥500 000.00　　缴款书交易流水号:19089675432

大写(合计)金额:伍拾万元整　　税票号码:1423353370988

| 税(费)种名称 | 所属时期 | 实缴金额 |
| --- | --- | --- |
| 企业所得税 | 20121001－20121231 | 500 000.00 |

工行光谷支行
2012.12.31
转讫

第 1 次打印

打印日期:2012 年 12 月 31 日

## 业务 66：

31 日，计提本年度所得税费用和应交所得税。（企业所得税计算表）

除下列说明及 12 月份业务外，本年无其他所得税纳税调整事项：

1. 本年度业务招待费支出为 97 840 元，本年度 1～11 月份营业收入总额为 19 560 789.44 元；
2. 本年度确认的对联营企业（武汉七星商贸有限公司）的投资收益，不确认相关的所得税影响；
3. 以前年度尚未弥补亏损 45 600 元，可在税前扣除；
4. 1～11 月份所发生的营业外支出可在税前扣除；
5. 1～11 月份发生的投资收益须计入应纳税所得额。

### 应交所得税计算表

2012 年 12 月 31 日　　　　金额单位：元

<table>
<tr><td>项　目</td><td>账面价值</td><td>计税基础</td><td colspan="2">可抵扣暂时性差异</td><td>应纳税暂时性差异</td><td>纳税调整增减额</td></tr>
<tr><td>捐赠支出</td><td></td><td></td><td colspan="2"></td><td></td><td></td></tr>
<tr><td>技术开发费</td><td></td><td></td><td colspan="2"></td><td></td><td></td></tr>
<tr><td>业务招待费</td><td></td><td></td><td colspan="2"></td><td></td><td></td></tr>
<tr><td>投资收益</td><td></td><td></td><td colspan="2"></td><td></td><td></td></tr>
<tr><td>应收账款</td><td></td><td></td><td colspan="2"></td><td></td><td></td></tr>
<tr><td>可供出售金融资产</td><td></td><td></td><td colspan="2"></td><td></td><td></td></tr>
<tr><td>投资性房地产</td><td></td><td></td><td colspan="2"></td><td></td><td></td></tr>
<tr><td>可抵扣亏损</td><td></td><td></td><td colspan="2"></td><td></td><td></td></tr>
<tr><td>小　计</td><td></td><td></td><td colspan="2"></td><td></td><td></td></tr>
<tr><td>年利润总额</td><td>应纳税所得额</td><td>应交所得税</td><td colspan="2">递延所得税资产</td><td colspan="2">递延所得税负债</td></tr>
<tr><td rowspan="2"></td><td rowspan="2"></td><td rowspan="2"></td><td>期初</td><td>期末</td><td>期初</td><td>期末</td></tr>
<tr><td></td><td></td><td></td><td></td></tr>
<tr><td colspan="2">所得税费用</td><td colspan="5"></td></tr>
</table>

审核：刘莉莉　　　　制单：张明

**业务 67：**

31 日，结转所得税费用。

**业务 68：**

31 日，结转本年利润。

**业务 69：**

31 日，计提法定盈余公积金。（盈余公积计提表）

**盈余公积计提表**

2012 年 12 月 31 日　　　　金额单位：元

| 项　目 | 金　额 |
| --- | --- |
| 计提基数 | |
| 提取法定盈余公积(10%) | |

审核：刘莉莉　　　　制单：张明

**业务 70：**

31 日，结转利润分配明细账户余额。